重庆市教育委员会科学技术研究项目（KJQN202200904）
国家社会科学基金项目（19BGL137）

旅游服务贸易潜力及效率研究
——基于中国与RCEP成员方的实证分析

A Research on Potential and Efficiency in
Tourism Service Trade
An empirical study of China and RCEP Partners

黄雅婷　王永强　著

中国财经出版传媒集团

经济科学出版社
Economic Science Press

·北京·

图书在版编目（CIP）数据

旅游服务贸易潜力及效率研究：基于中国与 RCEP 成员方的实证分析 / 黄雅婷，王永强著 . —北京：经济科学出版社，2023.10

ISBN 978 - 7 - 5218 - 5312 - 4

I.①旅⋯ II.①黄⋯ ②王⋯ III.①旅游服务 - 服务贸易 - 研究 - 中国 IV.①F592.68

中国国家版本馆 CIP 数据核字（2023）第 205503 号

责任编辑：杜　鹏　武献杰　常家凤
责任校对：王京宁
责任印制：邱　天

旅游服务贸易潜力及效率研究
——基于中国与 RCEP 成员方的实证分析

黄雅婷　王永强◎著

经济科学出版社出版、发行　新华书店经销

社址：北京市海淀区阜成路甲 28 号　邮编：100142

编辑部电话：010 - 88191441　发行部电话：010 - 88191522

网址：www. esp. com. cn

电子邮箱：esp_bj@ 163. com

天猫网店：经济科学出版社旗舰店

网址：http://jjkxcbs. tmall. com

固安华明印业有限公司印装

710×1000　16 开　10.5 印张　160000 字

2023 年 10 月第 1 版　2023 年 10 月第 1 次印刷

ISBN 978 - 7 - 5218 - 5312 - 4　定价：79.00 元

（图书出现印装问题，本社负责调换。电话：010 - 88191545）

（版权所有　侵权必究　打击盗版　举报热线：010 - 88191661

QQ：2242791300　营销中心电话：010 - 88191537

电子邮箱：dbts@ esp. com. cn）

前　　言

2020 年 11 月，中国与东盟、日本、韩国、澳大利亚和新西兰线上签署了《区域全面经济伙伴关系协定》（RCEP），标志着全球人口最多、贸易规模最大和最具发展潜力的自贸协定正式生效。在 RCEP 成员中，东盟是我国第一大贸易伙伴，韩国和日本也是我国排名前五的主要贸易伙伴，而我国同时也是澳大利亚和新西兰的第一大贸易伙伴。而作为服务贸易的重要组成部分，我国旅游服务贸易能否把握住 RCEP 签署带来的新机遇、实现高质量发展，是一个亟待研究的问题。

在世界范围内，过去几十年中，旅游业已发展为全球规模最大、发展最快的经济部门。在 2019 年，国际旅游人次和收入已实现了自 2008 年金融危机以来连续十年的持续增长。国际旅游是促进国际经贸合作和推动国民经济增长的重要引擎，旅游服务贸易是国际贸易增长的重要驱动器。

改革开放以来，我国旅游业也进入了蓬勃发展期，旅游市场和旅游规模快速扩张。在我国从旅游大国向旅游强国迈进的过程中，国际旅游发挥着非常重要的作用。目前，我国已成为世界第一大旅游客源国，2019 年出境游客超过 1.54 亿人次，国际旅游支出达到 2 550 亿美元，位居世界首位。[①] 然而比起出

---

① 中国出境旅游发展报告 2020 ［EB/OL］．［2022 - 12 - 10］．https：//www.ctaweb.org.cn/cta/ztyj/202103/87a492a44eda4038b7fe8f6428ed3d5d.shtml.

境旅游人次年均两位数的增长，进入 21 世纪以来我国入境旅游规模多次发生严重下滑，整体呈现波动式减速发展趋势。出入境旅游发展的不平衡造成了我国旅游服务贸易的巨大逆差，且已成为我国服务贸易逆差的主要组成部分，严重阻碍了我国建设服务贸易强国的进程。我国入境游旅游客源市场是否还存在进一步的拓展空间？RCEP 成员方多为中国主要的旅游客源地，中国对这些成员方的旅游服务贸易出口效率为何？是否具备进一步的贸易潜力？中国应如何利用 RCEP，抓住机遇，实现入境旅游规模的扩大、扭转旅游服务贸易逆差？这些问题便是本书研究的起点。

本书的出版得到了四川外国语大学的大力支持。四川外国语大学起步于外语专业教育，目前已是多学科协调发展的高水平应用研究型大学，是重庆市乃至西南地区最重要的外语专业及涉外专业人才培养基地。四川外国语大学工商管理学科是重庆市高等学校"十四五"市级重点学科，本书的出版得到该重点学科建设经费的资金支持，也是与四川外国语大学国际工商管理学院重庆国际旅游研究中心的协同创新成果。这本书得以出版，要感谢四川外国语大学国际商务专业硕士研究生周婷的大力协助，她在硕士阶段的大量研究为本书提供了有力的基础；同时还要感谢四川外国语大学国际商务专业硕士研究生黄晓慧、李玘灿、张航、张露露和何婕妤为本书作出的贡献。

作　者

2023 年 9 月

目　录

| 第 1 章 |

导　　论

1.1　研究背景和意义

1.1.1　研究背景

改革开放后，随着旅游经济思想的提出，中国的旅游业也进入蓬勃发展期。2000～2019 年，国内旅游人数随着生活水平的提高由 744 百万人次增加到 6 006 百万人次，国内旅游收入也由 3 175. 32 亿元增长到 57 250. 92 亿元，形成了全球最大的超级国内旅游市场（席建超和刘孟浩，2019）。中国国际旅游服务贸易尽管也有明显的增长，但随着人民生活水平和消费需求的提高使得出国旅游态势高涨，国内旅游产品供给、旅游设施建设与入境旅游需求不对称，以及国际旅游竞争加剧和地缘政治的影响，我国旅游服务贸易竞争力在逐渐下降，出口成为旅游服务贸易发展的短板，也导致我国旅游服务贸易一直处于逆差。如表 1.1 所示，中国旅游服务贸易进出口总额在 2012～2016 年快速增长，2017 年后呈现负增长，后续波动整体变化不大。而旅游服务贸易差额在 2012～2018 年从 – 3 273 亿美元逐年增加到 – 15 708. 4 亿美元，成为服务贸易收支逆差的主要部分，严重阻碍服务贸易的发展和中国建设服务贸易强国的进程。

表 1.1　　　中国 2012～2020 年旅游服务贸易在服务贸易中的占比　　单位：亿元

年份	服务贸易		旅游服务贸易			
	进出口总额	贸易差额	进出口总额	占比（%）	贸易差额	占比（%）
2012	30 422.0	−5 023.0	9 576.0	31	−3 273.0	65
2013	33 814.0	−7 774.0	11 337.0	34	−4 837.0	62
2014	40 053.0	−13 130.0	16 671.0	42	−11 259.0	86
2015	40 745.0	−13 510.0	18 361.0	45	−12 759.0	94
2016	43 947.0	−16 112.0	20 296.0	46	−14 394.0	89
2017	46 991.0	−16 177.0	19 826.0	42	−14 595.0	90
2018	52 402.0	−17 086.0	20 931.0	40	−15 708.4	92
2019	54 153.0	−15 025.0	19 703.0	36	−14 942.0	99
2020	45 643.0	−6 929.2	10 193.0	22	−7 910.2	114

资料来源：《中国统计年鉴》（2013～2021）。

与此同时，面对贸易保护主义全球蔓延、逆全球化思潮凸显的国际新形势，我国积极扩大对外开放，推动实施自由贸易战略，参与东盟于 2012 年发起的 RCEP 谈判，最终在 2020 年 11 月与日本、韩国、澳大利亚、新西兰和东盟一起完成签署。这一协定涵盖了货物贸易、服务贸易、投资、电子商务和知识产权等多个领域内容，形成了集全面、现代、高质量、互惠、全球人口最多、贸易规模最大和最具发展潜力等优势为一体的自贸协定。RCEP 签署后在消除内部贸易壁垒、创造和完善自由的投资环境、扩大服务贸易、加强知识产权保护和优化竞争政策等方面有重要影响。由于协定中的众多成员方一直以来都是我国旅游服务贸易出口的主要客源市场，因此 RCEP 的签署不仅推动我国在货物贸易、国际投资等领域的发展，也为中国的旅游服务贸易发展提供了新发展机遇。

1.1.2　研究意义

1.1.2.1　现实意义

旅游服务贸易出口作为服务贸易的重要组成部分，在增加外汇收入、平衡国际收支、促进文化交流和增加就业等方面有重要作用。而现阶段中国旅游服务贸易出口发展并不乐观，并且自 2020 年新冠疫情暴发以来，国际旅游也受到严重巨大冲击。RCEP 中众多成员方作为我国旅游服务贸易出口的主要客源市场，在 RCEP 谈判完成的背景下，分析 RCEP 签订对中国旅游服务贸易的影响以及利用随机前沿引力模型分析中国对 RCEP 国家旅游服务贸易出口潜力和影响因素，有助于把握 RCEP 规则中对中国旅游服务贸易出口的有利因素以及中国现阶段对 RCEP 国家旅游服务贸易的出口现状。通过实证定量上测算出口贸易潜力，并通过对影响因素进行回归分析以明确提升中国对 RCEP 国家旅游服务贸易出口潜力的路径。这为后疫情时代中国对 RCEP 国际旅游服务贸易出口的恢复提供了一定的参考。

1.1.2.2　理论意义

梳理众多学者的研究发现，尽管目前对于我国旅游服务贸易的研究内容较为丰富，但是对旅游服务贸易出口潜力的研究，以及以针对 RCEP 成员方旅游领域研究的文献相对较少。因此本书以 RCEP 成员方为研究对象，运用随机前沿引力模型来研究旅游服务贸易出口潜力和影响因素，为旅游服务贸易出口研究提供新研究方法与视角，进一步丰富了随机前沿模型在旅游服务贸易领域中的应用和旅游服务贸易出口的相关研究。

1.2　研究内容及技术路线

1.2.1　研究的主要内容

本书研究内容主要分了九个章节，具体如下。

第 1 章为导论，介绍本书的研究背景和意义，对本书的主要研究内容和方法进行说明，最后指出本书研究的重点与创新点。第 2 章为旅游服务贸易的基本概念和研究现状。首先对旅游服务贸易和贸易潜力两个概论进行界定。其次梳理本文依据的理论，包括旅游供需理论、比较优势理论和国际竞争理论等。最后对 RCEP 和旅游服务贸易研究的中外文献进行梳理并综述。第 3 章到第 7 章为现状分析。首先阐述 RCEP 的发展历程，分析相关规则对中国旅游服务贸易的影响。其次分析中国旅游服务贸易现状，然后就中国与 RCEP 其他成员方的货物贸易、服务贸易和旅游服务贸易进行分析，并在此基础上进行中国与 RCEP 其他成员方旅游服务贸易潜力分析，从而为实证研究提供现实依据和理论基础。第 8 章为中国对 RCEP 成员方旅游服务贸易出口潜力与效率实证研究。首先对本书所使用的随机前沿引力模型进行论述。然后结合本书的研究内容，选取恰当的变量以构建实证模型。接下来对随机前沿引力模型进行适用性和时变性检验，确定使用随机前沿引力模型分析的可行性。然后通过实证结果测算出中国对 RCEP 国家旅游服务贸易效率、贸易潜力和贸易可拓展规模。最后根据回归结果分析影响中国对 RCEP 国家旅游服务贸易出口潜力的因素。第 9 章为政策建议。总结本书定性研究和定量研究的结论，结合研究结论提出建议以促进中国旅游服务贸易出口潜力的释放，提升中国旅游服务贸易出口的发展。

1.2.2　研究的技术路线

运用旅游供需理论、比较优势理论、国家竞争优势理论等，采用随机前沿引力分析法、贸易非效率模型等方法，综合分析我国与 RCEP 成员方的国际旅游服务贸易现状、效率和潜力，通过大量的文献检索和数据分析，探讨了旅游服务贸易效率和潜力的影响因素，构建了 RCEP 框架下各国旅游服务贸易潜力的研究体系。综上所述，本书研究的技术路线如图 1.1 所示。

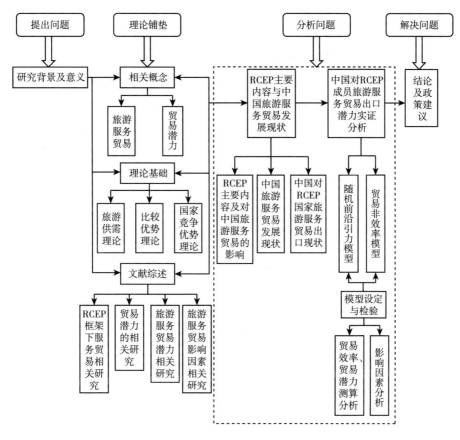

图 1.1　技术路线

1.3　研究的理论基础和研究方法

1.3.1　研究的理论基础

1.3.1.1　旅游供需理论

（1）旅游供给理论。旅游供给是指旅游经营者在一定的时间和市场条件下，以特定的价格向旅游市场提供旅游产品的数量。其中包括基本旅游供给和辅助旅游供给。基本旅游供给是指旅游经营者为满足游客需求而提供的一系列旅游产品。辅助旅游供给是指为满足基础旅游供给的正常运行而修建的旅游服务设施。这些设施不仅是为满足当地居民日常生活所修建的，也是为了给到访游客提供服务，增强旅游便利性。再往下细分，旅游供给可分为旅游资源、旅游设施和旅游服务。其中，旅游资源是指一个地区对游客有吸引力的所有自然资源、社会资源以及其他资源的总和，是旅游供给的主要内容，是旅游设施及旅游服务存在的前提条件。一个国家或地区拥有的旅游资源丰富性和质量从根本上影响了该地旅游业的繁荣发展。

旅游设施是指旅游供给主体为游客提供的饮食、住宿、出行、游览、购物和娱乐等需要而建设的各项物质设施的总称。旅游设施不仅反映了旅游目的地的游客接待能力，也反映了该地区的经济发展水平和旅游业的发展规模。

旅游服务是指旅游经营者凭借一定的设施及使用各种手段向旅游者提供劳务的总和，包括商业和非商业的旅游服务。旅游服务最终的目的是在合理的基础上最大限度地满足游客的需求，提升其旅游体验感，从而获得更大的经济效益和更良好的社会效益。与旅游设施一样，旅游服务也反映了该地区的旅游经济发展水平和游客接待能力。

影响一国旅游供给的因素很多，詹森和张（Jensen and Zhang，2013）研究发现目的地的价格竞争力、旅游基础设施和安全保障性影响旅游服务供给，从而影响旅游服务贸易。若其他条件不变，旅游产品价格越高，供给者为了获得更大的经济效益，就会加大旅游产品的生产，投向市场的产品也越多，反之价格越低，供给也会越低。影响一国旅游供给的因素还包括该国的社会政策和经济规模等社会因素，包括交通运输、信息通信等技术方面的影响以及不可忽视的旅游产品供给最大容量的自然环境条件。

（2）旅游需求理论。经济学中的需求是指在一定时期，一个经济主体愿意并且有能力购买某种商品或服务的意愿，当这种商品变成了旅游产品时，这种需求就变成了旅游需求。从经济意义上来说，旅游需求是游客在时间合适、价格合适时，有意愿并且有能力购买各种旅游产品的数量。由于受供给、相关旅游产品价格以及消费者心理预期的影响，通常情况下，旅游的需求量并不等于实际购买量。旅游需求的产生以旅游动机、支付能力和是否有空闲时间为前提，三者缺一不可。其中旅游动机是引发旅游者需求并决定是否采取行动的内在力量，是旅游需求产生的主观条件。

在商品经济时代，任何社会活动都离不开资金的支持，旅游活动中涉及的饮食、住宿、出行、娱乐等活动均需要货币的参与，因此，旅游者的经济状况好坏是旅游活动是否可以正常进行的基本条件之一，也直接影响其旅游的质量，旅游者支付能力越强，就越容易实现其旅游需求。此外，空闲时间也是影响旅游需求的重要客观条件，空闲时间具体指的是不受其他限制，由个人完全支配的自由时间，旅游者空闲时间越多，相应的旅游需求就会越大，两者之间呈现正相关。

在各种对旅游产生影响因素中，旅游产品的价格也不可忽视。克拉维亚（Claveria，2015）认为，旅游产品价格和闲暇时间是出境旅游的必要条件。旅游产品价格决定了旅游者支付能力的大小从而影响旅游需求。在其他条件不变的前提下，旅游产品价格越高，消费者的旅游意愿越低，即旅游产品价格上涨会抑制旅游需求，反之，旅游产品价格下降可以促进旅游需求，总而言之，旅游者的需求和旅游产品之间呈反向变动关系。在国际旅游中，除了旅游价格、空闲时间、支付能力影响外，旅游需求还会受到旅游目的国社会稳定性、文化宗教、社会风俗、旅游自然资源、基础设施等的影响，客源国的人均收入水平、旅游消费习惯以及两国之间外交关系、文化距离和制度距离的影响。

（3）供需均衡理论。供需理论指的是在竞争性的市场中，供给和需求的相对稀缺性决定了商品的价格和生产数量。供给和需求是经济学中的常见术语，是一种社会行为，反映的是一种社会关系，是从市场和消费者两个角度出发提出的，供给是从生产者角度出发谈论产品及其结构，需求是从消费者角度出发谈论市场问题。

在旅游经济中，旅游产品需要经过多道程序进行包装设计，才能将旅游资源打造成成熟的旅游产品，以达到吸引消费者的目的。在旅游产品包装过程中，旅游开发商和中间商对旅游资源的包装会激发消费者的需求，供给和需求是相辅相成的，各自的存在与落实都是以对方为基础的。由于供给和需求双方的利益出发点不同，导致其无法相互适应，所以供给和需求又存在相互排斥的矛盾关系。

市场是一只"看不见的手"，可以自发地调节经济，以达到平衡状态。在市场经济中，价格机制可以自发地调节旅游供给与需求的矛盾关系，在价格和数量上趋于均衡。在其他因素不变的情况下，若旅游产品供给不变，则旅游产品价格越高，需求越小，反之，价格越低，需求越大，两者呈反向变动；若旅游产品需求维持不变，则旅游产品价格越高，供给越多，反之，价格越低，供给越少，两者同向变化。当供给和需求同时发生变化时，如果需求增加供给减少，此时均衡价格会上涨，反之则下降。总之，在一般情况下，旅游供给和需求的均衡均可以通过市场价格机制进行自发调节。

1.3.1.2 比较优势理论

大卫·李嘉图（1817）基于亚当·斯密的绝对优势理论提出比较优势理论，该理论假设世界上只存在两个国家，只生产两种产品且两种商品具有同样的品质，不同的只有商品的价格，并且商品流通在完全竞争的市场中，不受任何外部因素的干扰。比较优势理论的提出改善了绝对优势理论的不足，即当两国（地区）在生产技术水平上差距很大时，一方在各种产品的生产中均不具绝对优势，国际贸易对于该国（地区）来说就是无利可图。

李嘉图提出比较优势理论的目的是更好地解释不同国家之间的货物贸易规律，该理论的主要内容是两个国家之间，由于生产技术的相对差别，其产品的劳动生产率不同，可通过专业化的分工提高两国的劳动生产率，李嘉图认为，每个国家都应该遵循"两利相权取其重，两弊相权取其轻"的原则，即每个国家都应该集中生产并出口具有比较优势的产品，进口具有比较劣势的产品。

随着服务贸易在国际分工中的地位逐渐提升，旅游服务贸易作为服务贸易的重要组成部分，也同样适用比较优势理论。比较优势理论在旅游服务贸易中的作用体现在以下两个方面：首先，一个国家或地区的旅游资源，尤其是自然资源，在动态开放的旅游市场中是长期保持静态不变的，但旅游业的竞争却越来越激烈，旅游者多样性的需求很难被静态的市场满足。

根据比较优势理论，一个国家（地区）应当对自身有充分的认识，充分考察当地的旅游环境、旅游优势以及旅游政策，根据其自身的优势，扬长避短，打造具有国际特色的旅游产品，发挥比较优势，从而吸引更多的游客。另外，比较优势理论从生产成本的差异性出发，即若双方生产力不同，基于相对成本的成本差异，一方即使无法生产具有绝对优势的产品，但其仍可以通过生产具有比较优势的产品进行国际交换以获得利润。尽管旅游贸易不存在所谓的产品交换，但是也可以通过分析本地旅游产品与竞争方旅游产品之间的差异，明确本地旅游产品的优势和劣势，尽量避开自身具有绝对劣势的旅游资源，将重心集中于具有相对优势的旅游资源，打造具有当地特色的旅游项目，实现游客的转移。并且旅游者在旅游时存在的旅游供给是相对的、非单项的。相近的旅游地之间在一定程度上存在空间上的资源互补，因此，相邻的旅游地之间可以进行联合以更好地满足游客的需求，实现区域旅游业的合作共赢。

综上所述，一个国家（地区）在制订旅游开发计划时，可以借助比较优势理论作为指导，通过调研本方的旅游资源，了解旅游产品的优缺点，并与他方的旅游资源相比较，打造其独具风格的比较优势旅游项目和产品，形成自身的特色品牌，从而吸引游客。此外，借助比较优势理论进行资源开发可以有效避免旅游资源的盲目开发和旅游产品的单一性，从而避免旅游者新鲜感的丧失。

1.3.1.3　国家竞争优势理论

国家竞争优势理论又名"国家竞争优势钻石理论"，由美国战略管理学家迈克尔·波特首次提出，既是基于国家的理论，也是基于公司的理论。钻石理论是专门用于对一个国家国际竞争力进行分析的理论，针对的是国家或地区的某种产业的发展情况。其目的是研究某种产业如何才能产生并且维持其可持续的比较优势，如果国家在某一产品上的比较优势不是持续的，则说明这一优势不是其国家竞争力优势。波特认为，一国的贸易竞争优势并不像传统的国际贸易理论所描述的一样简单地取决于一国的自然资源和劳动力，而是取决于一国的产业升级创新的能力，产业升级创新又需要依赖知识的创造和吸收，竞争优势的发展不只是受到该行业内部因素的影响，而是一个经济体内部各种因素共同作用的结果。一国的社会文化、历史起源、风俗习惯、经济发展都是竞争优势的来源。波特在此基础上将影响因素分为四大部分：生产要素、需求要素、产业要素、企业竞争。这四大要素就如同钻石的四个切面，都对一个国家或地区的某产业竞争力具有关键的影响。

首先，生产要素包括人力资源、自然资源、知识资源、资本资源、基础设施几个部分，可分为初级要素和高级要素两类，初级要素是自然存在、先天拥有的资源，如自然资源和地理位置，而高级要素则是通过后天投资和发展而创造的因素。一个国家如果想在市场竞争中获得竞争优势，就应当将重心放在高级要素上，通过招揽高科技人才和使用专门的技术设施进行生产，提高其生产效率，让生产要素实现更好的专业化、高效化和精致化，降低生产成本，获得更大的收益。

其次，由于新冠疫情的影响，外贸受到冲击，此时想维持国家经济的正常发展，需要适当降低经济增长的对外依赖程度，要求国家有将外需转化成内需的能力。目前世界各国都将经济重心转向本国市场，改变策略扩大内需，实现经济发展的内循环。其原因在于，市场是整个国家的总体产业发展的动力所在，是企业想发展壮大最需要关注的因素，市场需求越大，企业发展前景越广阔，反之，市场需求越小，企业竞争压力就越大，想发展就必须在创新上努力。因此各国在发展国外市场的同时也会同时注重国内市场的发展，并且对本国市场的重视程度更大。

在波特的理论中还提出，一方国内市场的竞争优势由该国的宏观调控、民众消费需求以及经济基础等因素决定，此外，消费者预期也会对国内需求市场造成重要的影响。刘青峰和姜书竹（2002）也在其研究中运用引力模型对影响中国双边贸易的主要因素进行实证分析，证明经济规模总量（GDP）、国民收入水平（人均GDP）和制度安排是影响中国双边贸易的主要因素。如果在一个国家或地区中消费者的需求远高于其他国家或地区的消费者需求，那么消费者的需求也会成为该国家或地区的产业领先的优势，推动市场供需关系的协调和发展。尤其是科技含量更加先进的产品，越需要前卫前端的需求来进行有效的支持，因此消费者的需求也是当地市场需求发展的关键因素，加上一些国家对于预期性需求也会通过宏观政策进行调控，从而对国内需求市场进行更多的关注和支持。

再次，相关的支持产业也是一个重要的因素。对于国家或地区的竞争优势而言，相关的产业以及带有支持性的产业两者之间是相互促进、共同发展的关系。波特在钻石模型中提出，优势产业与一般的支持性产业之间能够形成产业集群的现象，一个国家或地区某种优势产业的存在必定伴随着各种对其产品生产、技术、资源、劳动力提供支持的支持性产业。若不存在支持性产业，那么该优势产业可能在一段时间后就会由于缺乏支持资源而走下坡路，反之，如果有支持性产业的支持，那么其优势产业就有可能保持长盛不衰。特别是发展中国家，一般都会将资源集中在优势产业，以确保优势产业的长远发展。

最后，影响一国或地区竞争优势的因素还有企业之间的竞争。波特在钻石模型中提出，一个国家或地区的企业能够走向国际，同时在国际上大放异彩，其动力因素是很重要的。动力的来源有很多，可能是来自国际市场的竞争压力，也可能是来自国际市场对产品的需求，更可能来自本地竞争过大、急于开拓国际市场等。无论是哪一种动力，都对产业竞争优势起到很大的推动作用。

波特提出，在激烈竞争的国内市场，面对巨大的同行竞争者的压力时，一部分生产资源会因为激烈的国内同行竞争而呈现过度消耗的结果，因此会在一定程度上阻挠规模经济的构建，而国内市场最良好的状态就是只有少数的企业在业绩上独占鳌头，其他的企业作为辅助，这样的国内生产就可以使用规模经济在国际市场竞争之中占据一席之地，不会承担太大的国际竞争压力。

波特通过研究十多个国家和地区的情况发现，不少国家和地区的产业发展之所以能够取得长久的成功，而且在国际市场竞争中立于不败之地，很大的原因就是这些国家和地区首先让产业经过国内市场的激烈竞争搏斗。为了让这些产业能够经受得住更加严峻的国际市场环境的考验，提前让其在国内市场竞争中经受改进和创新，从而在面对国际市场竞争的态势中能做到游刃有余。同时在政府和相关机构的保护和鼓励措施下，不会受到过多竞争压力的影响，化压力为动力来应对更多的国际市场竞争。

1.3.2　研究方法

本书主要运用了文献分析法、定性分析法和定量分析法，具体阐述如下。

（1）文献分析法。本书对现有的关于 RCEP 框架下服务贸易研究、贸易潜力研究、旅游服务贸易潜力研究及旅游服务贸易影响因素的相关文献进行梳理，从而为本书的研究内容、实证方法和关键变量的选取等方面提供支持。

（2）定性分析法。本书借助 RCEP 内容和世界旅游组织、国家统计局等发布的相关数据，分析 RCEP 签订对中国旅游服务贸易的影响、中国旅游服务贸易现状和中国对 RCEP 国家旅游服务贸易出口现状，进而为实证提供分析基础。

（3）定量分析法。本书选取了 2002～2019 年的相关数据，利用 frontier4.1 软件，采用随机前沿引力模型和贸易非效率分析模型就中国对 RCEP 国家旅游服务贸易出口潜力和影响因素进行实证分析，以得出本书的结论。

第 2 章

旅游服务贸易的基本概念和研究现状

2.1　旅游服务贸易的基本概念

2.1.1　旅游服务贸易

旅游服务贸易是指通过对旅游资源以及相关配套产品的有效开发，吸引各地的游客前往当地，从而刺激旅游消费需求的一种贸易活动，交易对象是旅游相关产品。可以将旅游服务贸易分为旅游和服务贸易两部分，旅游是非定居者的旅行和暂时居留而引起的一种现象关系的总和，是一种复杂的社会现象。简单来说，旅游是人们为了消遣，得到放松，能让人活动在新的环境中和接触未知的自然风景，加深经验和教养而进行的旅行或者是离开常住地到外地逗留的一项休闲娱乐活动。

罗明义（2007）在服务贸易的基础上，对旅游服务贸易进行了划分，认为旅游服务贸易也包含四种基本的模式：跨境交付、境外消费、商业存在、自然人流动。其中跨境交付通过互联网为境外游客提供网络售票、酒店订购、人工咨询等服务。境外消费指的是服务提供者在一方成员方的领土内，向来自另一成员方的消费者提供服务的方式，国际旅游是典型的境外消费。国际旅游又包括出境旅游和入境旅客两部分，前者指的是本国居民在除本国外的其他国家的旅游活动，后者是指外国居民到本国的旅游活动。商业存在指的是外国投资者在本国设立商业机构（如酒店、饭店等）为外国游客提供服务。自然人流动是外国技术人员或管理者以自然人的身份进入本国市场为游客提供旅游相关的服务。

赫尔曼（Herman，1981）指出，服务具有无形性、异质性、不可储存性以及所有权不可转让等特点，即旅游服务贸易在一定程度上是抽象的和不可感知的，并且在服务产生的同时消费也必然同时进行，不可储存，这一点和实体商品具有明显的区别，此外在服务的生产和消费过程中不涉及任何东西的所有权转移。国际旅游不仅是旅游服务贸易的主要形式，也是旅游服务贸易发展的关键所在。旅游服务贸易既体现了一个国家的开放程度和旅游业发展水平，同时也彰显了一个国家的综合能力和经济开放水平。一个国家或地区的旅游服务贸易的市场占有率以及政府针对旅游业出台的政策在一定程度上能够反映出该地区的旅游发展前景以及该地区旅游市场的开放程度。因此旅游服务贸易的发展程度能够有效彰显该地区商品和服务贸易的开放程度，也可以衡量该地区的旅游业在国际上的竞争力。

2.1.2　贸易潜力

在研究贸易潜力之前我们必须要先了解以下概念：什么是贸易？什么是国际贸易？所谓贸易就是指两个不同的主体之间进行商品和劳务交换的活动。而国际贸易是指不同国家或地区之间的商品和劳务的交换活动。换句话说，国际贸易是商品和劳务的国际转移，也叫世界转移。潜力的字面意思是指潜在能力，在商务上潜在能力是指某个企业或产业发展的可能性，这种可能性在外部环境许可时，可通过一定的经验发展成为现实能力。卡利拉杨（Kalirajan，1999）将贸易潜力定义为：如果在一定条件和确定贸易影响因素的条件下，假设贸易对象以最低限度束缚贸易发展，那么贸易量所能实现的最大可能值就是贸易潜力。具体来说，就是各国在进行贸易时，会受到环境、经济和制度等因素的影响，通过避免或优化这些因素的影响力度使贸易量达到最大值的可能性。贸易潜力是一国经济效率最大时的贸易量与实际贸易量的差额，当知道贸易效率时可以计算出贸易潜力，两者之间呈反比例关系，即一国的经济贸易效率越高，其贸易潜力就越小，因此估计贸易潜力时离不开贸易效率与实际贸易量。

明确某一国家或地区的贸易潜力对企业的发展具有重要作用。首先，明确贸易潜力有助于企业在选择贸易地区的时候进行更好的衡量，企业与一个地区进行贸易往来的时候需要综合考虑许多的因素，如东道国的政治环境、宗教信仰、自然资源、地理位置、经济发展水平等。一般东道国的政治环境越稳定，企业越倾向于在该地进行贸易；东道国自然资源越丰富，企业就越容易在该地以低价获得生产要素，尤其对于资源导向的企业而言，在该地进行贸易就越有吸引力；一地的经济发展水平在一定程度上可以体现出一地的市场潜力，一般经济越发达的国家或地区的消费水平越高，市场前景越广阔。

企业在对东道国进行贸易的时候需要根据自身的实际情况综合考量各种有可能会影响企业发展的因素，在经济学上，这种考量转化为对数据的分析，丁伯根（Tinbergen，1962）和波伊霍恩（Poyhonen，1963）首先提出传统贸易引力模型，尼尔森（Nilsson，2000）和艾格（Egger，2002）运用引力模型提出了贸易潜力，以实际贸易额和贸易潜力的比值来衡量贸易效率。在引力模型中，常常添加的变量有两类：一类是虚拟变量，如共同语言、共同边界、共同殖民历史、共同宗教等；另一类是制度质量指标变量，如是否加入同一个优惠贸易协定或者区域经济一体化组织、政府治理质量、合约实施保障等。通过各种计量软件对各变量进行回归分析，得出企业与该地区进行贸易往来的贸易潜力。

2.1.3　旅游服务贸易潜力

在一定的旅游服务条件下和确定的影响旅游服务的因素条件下，假设旅游服务对象以最低限度束缚旅游贸易发展，那么旅游服务贸易量所能实现的最大可能值就是贸易潜力。一般而言，由于旅游服务贸易分为自然人流动、境外消费、商业存在、跨境交付四种情况，那么针对每种情况的影响其贸易潜力的因素又有所不同。

首先，对于自然人流动而言，是外国技术人员或管理者以自然人的身份进入本国市场为游客提供旅游相关的服务，影响其贸易潜力的因素就应该是技术人员的技术水平，技术人员的技术水平越高，服务态度越好，那么游客在消费过程中体验感就越好，也更愿意进行消费，贸易潜力也就越大。

其次，境外消费是指旅游服务的提供者在一成员方的领土内向来自另一方领土内的消费者提供服务的方式。通常影响境外消费的贸易潜力的因素为旅游输入国提供的服务质量，高质量的服务会让顾客具有较强的体验感，留下较为深刻的印象，使消费者生成对品牌的依赖，以便下次消费时能够及时想到该企业，大大增强其贸易潜力。

再次，商业存在是指一成员方的旅游服务提供者在另一成员方领土内设立商业机构（如旅游公司），在后者领土内为游客提供服务的方式。其旅游服务贸易潜力受该地区消费者偏好以及该公司的商业模式的影响，若该地区的消费者偏好与公司的战略部署具有共线性，那么该公司的旅游服务贸易潜力会比较大，并且，如果企业的商业模式、运行机制是比较新颖的，在市场上是独特的，那么其旅游服务贸易的潜力也会越大。

最后，跨境交付是指某个企业在除本国外的一个国家设立公司，并且为另一国的游客提供旅游服务的方法。影响跨境交付贸易潜力的因素有一国的经济发展状况、旅游业发达水平以及是否与本公司产生文化冲突等，若一国的经济发展状况较好，旅游业发达，政府对其支持较大，那么该企业的发展潜力越大，若企业与该国的文化较为相似，冲突较少，则更有利于企业开展旅游贸易活动。

影响企业旅游服务贸易潜力的因素有很多，其中，最值得我们关注的有消费者的需求、东道国的政策以及企业自身的战略。企业想提升自身的贸易潜力，需要对这几方面进行研究分析，根据研究结果调整自己的贸易政策。

2.1.4　贸易效率

在国际贸易中，企业进行贸易往来时除了需要进行贸易潜力的衡量，还需要考虑贸易效率，那什么是贸易效率呢？贸易很好理解，指的是两个不同的主体之间进行商品和劳务交换的活动。效率在字典中的意思是"单位时间能完成的工作量"，是指最有效地使用社会资源以满足人类的愿望和需要。在经济学中是指给定投入和技术的条件下，经济资源没有浪费，或对经济资源做了能带来最大可能性的满足程度的利用。贸易效率是指在一定时间里，进行贸易往来所消耗的时间、生产、运输等成本与贸易成果之间的比例关系。

贸易效率的评价是在统一标准下对贸易效率高低的社会认定。评价贸易效率的原则有三点：第一点是消费者与贸易企业利益兼顾原则；第二点是经济效益与社会效益兼顾原则；第三点是短期经济效益与长远经济效益兼顾原则。

进行贸易效率评价的方法有四种：第一种方法是 1946 年由美国兰德公司创始实行的德尔菲法。廉同辉和王金叶（2010）采用德尔菲法发现广西猫儿山国家级自然保护区开发潜力较大；第二种方法是效用函数综合评价法，即按贸易所得、贸易所费分成两个子系统，然后选择相应的合成模型分别对两个子系统内部指标计算合成评价值，最后计算贸易效率的综合评价值；第三种方法是因子分析法。崔琰和席建超（2015）采用因子分析方法构建了潜力因子分析计算模型来计算各省级区域的旅游服务贸易出口市场潜力；第四种方法是指数评价法，将贸易所费的相关指标（如库存额、贸易费用、物流成本）作为生产投入，把贸易所得的相关指标（如商品销售额、贸易利润）作为生产产出，即可计算出贸易效率。

贸易效率受到劳动生产率、企业的技术水平、交通运输以及本国与东道国政策、库存费等因素的影响。一般而言，劳动生产率是影响对外贸易经济效率的最根本的因素。东道国的劳动生产率越高，那么生产同一批货物所消耗的时间成本就越小，生产效率就越高；同时，企业的技术水平越高，那么它的生产效率也会相应地提高，并且也更容易在他国开拓市场；出口国与东道国之间的运输也会在一定程度上影响两国之间的贸易效率，通常，运输越便捷，越快速，那么企业所消耗的运输成本就越小，运输效率就越高；此外，若出口国出口手续烦琐，出口耗时较长或者是进口国的进口手续烦琐，要求严格，都会延长两国进出口的时长，降低其贸易效率。

若想对贸易效率进行提升则可以通过以下几个途径展开：第一，打破地区封锁。企业可以通过提升自身的技术水平打破地区封锁；第二，提升贸易组织化程度；第三，规范交易秩序。贸易效率的提高有助于企业以更少的时间成本进行更多的经济活动，获得更多的利益，也有助于提升企业的经济效益。

2.1.5　入境旅游贸易效率

入境旅游是一个国家（地区）赚取外汇和解决就业的重要渠道。入境旅游贸易在我国服务贸易出口中有着举足轻重的地位，对于提高我国服务贸易的总体水平无疑也有十分重要的意义。目前，我国旅游产业蒸蒸日上，旅游市场在国民经济持续发展和消费水平不断提高的推动下快速增长：无论是出境游、入境游还是国内游，收益都呈增长态势。

入境旅游业虽然发展很快，但也存在一些明显的问题或不足，特别是全球金融危机的持续蔓延，导致全球经济放缓，导致入境旅游创汇战略地位下降。那么，如何提升入境旅游贸易的效率就是现当代我们需要思考的问题。

首先，想要提升入境旅游贸易效率就必须了解影响入境旅游贸易效率的因素是什么。旅游入境国的自然环境、交通便利性都会影响入境旅游贸易的效率，一国的自然环境决定游客是否在此进行旅行活动，优质的旅游资源能够有效提升旅游业发展的质量，而贫乏的旅游资源无法更好为旅游服务贸易提供充足的条件基础。迪西和格里斯（Deasy and Gries，1966）通过对美国部分地区进行旅游竞争方面的研究，提出了影响部分美国当地景点旅游吸引力的关键因素就是旅游资源的优劣。通常情况下，游客会选择自然风光优美、具有独特风景的国家或地区进行游览。另外，交通是否便利也是游客进行选择时需要重点考虑的因素，不便利的交通会大大增加游客的时间成本，也会给游客带来不好的旅游体验。所以，想要提升入境旅游贸易潜力就可以从这两方面入手，对本国的自然风光进行包装宣传，出台政策对其进行保护，合理开发；加大对基础设施的建设，特别是交通运输以及酒店设施，给游客提供较好的旅游服务；还可以在每年固定时间开展国际性的民族特色活动，打造特色文旅产业，以致可以花费同样的时间吸引更多的游客入境，进而提升入境旅游贸易的潜力。

2.2　旅游服务贸易的研究现状

2.2.1　RCEP 框架下服务贸易相关研究

关于 RCEP 框架下服务贸易的相关研究，主要从规则解读和实证研究两个方面开展。在 RCEP 还未签署时，孟夏和李俊（2019）就 RCEP 框架下的服务贸易自由化进行了分析，从 RCEP 成员方的整体发展现状着手，分析各国在已实施的《自由贸易协定》（FTA）中的服务贸易开放措施，认为各国在谈判中采取正面清单方式较为可行。实际签订后，只有中国、新西兰、越南、菲律宾、泰国、老挝、缅甸和柬埔寨八个成员方以正面清单方式作出了服务贸易自由化承诺，其他七个成员方则以负面清单方式作出承诺。孟夏和孙禄（2021）整合现有资料对 RCEP 框架下各国作出的自由贸易化规则和承诺进行分析，发现十五个成员方之间的承诺已高于成员之间已有 FTA 的开放水平，且中国的服务贸易开放承诺达到了已有 FTA 的最高水平，此外，还对专业服务等 37 个分部门承诺给予最惠国待遇；RCEP 作为目前全球最大的 FTA，整合并升级了现有服务贸易规则，各成员在 RCEP 框架下将取消影响服务贸易的限制和歧视性措施，扩大市场准入，提高服务贸易自由化水平。王思语和张开翼（2021）对比分析 RCEP 与《全面与进步跨太平洋伙伴关系协定》（CPTPP）中各成员方发展状况与服务贸易条款，发现两个协定的成员方无论在总量上还是质量上都呈提高态势，但 RCEP 成员方的服务贸易限制指数和经济发展水平差异性比 CPTPP 都较高。研究发现，RCEP 成员方虽然在服务业总量及质量上均呈上升趋势，但反观整体，RCEP 各成员方的经济发展水平及服务贸易开放程度相较于 CPTPP 各成员方还有很大的差距。在条款中，RCEP 最惠国待遇并不具优先级，且附加更多约束、政策透明度较低，且对跨境数据流动自由度设置更多障碍，但为政府的参与提供更多机会。

张方波（2021）解读了 RCEP 中的金融服务规则，发现 RCEP 金融服务规则具有高标准性和包容性，代表了中国当前金融开放领域承诺的最高水平，认为中国需要从关注他国金融战略、提供针对性的新金融服务、力争吸收其他成员方金融机构加入国内自律组织、构建完善的金融服务贸易统计数据库和提高金融监管透明度等方面来促进中国金融的进一步开放。王健（2022）通过解读 RCEP 中的服务条款，发现各国以正面清单、负面清单以及全面清单等方式体现出服务贸易的核心任务，并且与之前的国际协定和规则比，RCEP 的服务条款在金融服务、电信服务、专业服务等方面有突破之处，为不同国家、不同行业、未来产品的商业化提供了发展机会。袁波等（2022）对 RCEP 规则进行整体分析，认为在 RCEP 生效实施中，服务贸易开放水平提高会促进中国与 RCEP 各成员方服务贸易合作，区域货物贸易和投资增长带动中国服务贸易融合发展，推动中国服务贸易的发展。

在对 RCEP 框架下各国贸易的实证研究方面，学者们的研究重心主要集中在贸易竞争力分析、服务贸易开放水平和贸易自由程度三个领域。在中国与 RCEP 成员方的服务贸易中，宋蔚等（2021）基于 2013～2019 年的数据，分析中国与 RCEP 伙伴方服务贸易的竞争力及互补性，发现中国服务贸易竞争力位于下游区。中国竞争优势、比较优势及互补性强或较强的行业是建筑、电信计算机和信息、保险、商业服务行业，运输、旅游行业竞争力不强，但比较优势和互补性较强；金融行业具有微弱竞争优势，不具有比较优势，而知识产权行业则各方面都很弱。杜方鑫和支宇鹏（2021）使用同样方法研究后也发现中国与 RCEP 其余成员方的服务贸易竞争性存在明显差异，服务贸易出口在世界市场的竞争不明显，与大多数 RCEP 伙伴国服务贸易具有互补性。

陈红宇和郭晓勋（2022）阐述并分析了 RCEP 框架下中国对韩国的旅游服务贸易现状的问题及发展。文章首先列举了中国对韩旅游服务贸易中存在的四个问题，并详尽探讨了问题背后的原因，结果指出，RCEP 框架下中国对韩旅游服务贸易跨上了新台阶，中国对韩旅游服务贸易发展潜力巨大，并提出了相应的建议与对策。而刘竞元（2022）通过 Hoekman 五级分类频度分析指标对中国在 RCEP 框架下的服务贸易承诺开放水平进行了量化分析，并与前期中国加入世界贸易组织及建立中国 – 东盟自由贸易区所承诺的服务贸易开放水平进行比较后发现，就开放水平而言，RCEP 与入世承诺相比有显著提高。中国自加入世界贸易组织以来，服务部门整体开放程度有显著提升，但也有四个部门的开放程度并不明显，有些部门甚至没有任何深化。邱斌等（2022）量化了成员方服务贸易的自由程度，并基于结构模型，估计了 RCEP 签订将对我国的服务贸易量造成的变化。研究模拟结果显示：就中国的服务贸易总量与结构分析而言，我国服务贸易的整体体量相较于国内服务业的高发展水平和增速而言仍有缺陷，且在服务产出方面，出口率远低于世界水平，存在服务业整体体量与出口体量不平衡的情况。签订 RCEP 将加强我国与其他成员方之间的服务贸易联系，为我国的服务贸易发展提供了重要机遇。

白洁等（2022）基于修正的 Hekeman 频度分析法，构建了 RCEP 服务贸易承诺表正面清单和负面清单缔约方服务贸易开放度的频度分析模型，并对其中 15 个缔约方的服务贸易开放度进行了测度和比较，结果显示，相较于正面清单缔约方，负面清单缔约方的服务贸易开放度更高，发达国家的开放程度整体高于发展中国家，我国的开放度在发展中国家中位列前茅；各部门的开放度由高到低分为四个梯度，具有一定的差异性；国民待遇开放度相较于市场准入开放度整体更高；出于比较优势及国家安全等因素考虑，缔约方对不同部门的鼓励和限制呈现出较为明显的差异性。

2.2.2　旅游服务贸易相关研究

国内外对旅游服务贸易的相关研究成果颇丰。国外的研究主要着眼于入境旅游的影响因素和入境旅游的影响结果。首先是对入境旅游影响因素的研究。侯赛因（Hussain，2022）研究了铁路运输、贸易开放、航空运输对"一带一路"共建国家或地区的出入境旅游的影响，研究发现，三个影响因素对"一带一路"共建国家或地区的出入境旅游的影响是长期且积极的，且入境旅游与交通服务间的关系是单向的。德瑞迪等（Türedi et al.，2022）使用面板检验法探究了卫生保健部门的发展与入境旅游之间的关系，发现入境旅游作为因变量时与医疗卫生部门发展之间存在协整关系，而医疗卫生部门发展与入境旅游间也存在格兰杰因果关系。沙曼等（Sharma et al.，2022）使用现代计量经济学技术评估了信息通信技术、管理方式和基础设施对印度入境旅游需求的影响。结果显示几个变量之间存在协整关系，同时，基础设施和信息通信技术对印度的入境旅游起到了长期的积极影响；信息通信技术同时对印度入境旅游起到了短期的积极影响。优思曼等（Usman et al.，2020）运用 FM - OLS、DOLS 及 MMQR 方法，以中东和北非国家的实例探讨了外部冲突和内部冲突对入境旅游需求的影响，发现冲突对入境旅游需求的影响为负且不具有需求弹性，其中外部冲突对入境旅游需求的影响更大。

在入境旅游的影响结果方面，十代田（Soshiroda，2005）分析了 1859～2003 年日本入境旅游的发展，发现日本通过在不同阶段采取不同的入境旅游政策，为获取外汇、融入世界岛、建立和谐邦交关系和刺激经济复苏作出了贡献。科林等（Colin et al.，2022）分析了柬埔寨、老挝、缅甸与越南四个国家航空运输、经济增长和入境旅游之间的关系，结果表明，四个国家的民用航空运输业的发展相较于亚太地区其他国家有滞后；在考察了航空运输、经济增长和入境旅游三个因素的时期关系之后发现航空运输发展和经济增长之间呈现双向因果关系，入境旅游与航空运输的长期关系显著，短期则不明显；同时，作者强调了航空运输对于经济增长的作用。哈波宁等（Happonen et al.，2022）以瑞典为例进行了研究，讨论航空业对入境旅游目的地气候的影响，结果表明，入境旅游航空的排放量远高于出境旅游的航空排放量。布鲁克和塔德米尔（Bölükoğlu and Taşdemir，2022）使用固定效应面板阈值分析研究了入境旅游支出与经济增长之间的非线性关系，研究发现当环境绩效指数低于 60.56 时，入境旅游产出占 GDP 比重与人均产出呈正相关，但环境绩效指数超过了此值后，两者关系不显著。

国内学者主要从旅游服务贸易竞争力和旅游服务贸易的影响因素两个方面展开研究。在旅游服务贸易竞争力的研究方面，陈氏翠（2022）使用定性研究与定量研究相结合的方法，研究了越南的旅游服务贸易国际竞争力。作者以旅游服务贸易、国际竞争力等相关理论作为理论基础，使用钻石模型进行研究后认为越南旅游服务贸易的市场占有率低，国际竞争力不强，且汇率和旅行社个数对外汇收入的影响并不显著，有较大的提升空间。王塔纳（2021）使用定性分析和定量分析相结合的方法，分析了老挝的旅游服务贸易国际竞争力。研究发现，老挝的旅游服务贸易已具备一定的国际竞争力，且其旅游服务产业在本国的国民经济中占据相当重要的地位；老挝的第三产业对旅游收入影响显著，旅游服务贸易国际竞争力还有待进一步提升。

曹建武（2022）同样使用定性分析与定量分析相结合的方法，分析了重庆市旅游服务贸易国际竞争力及其影响，发现重庆市的旅游竞争力有待进一步提升，主要限制原因为旅游产业发展时间短、发展规模小、入境消费结构不合理等，且在餐饮和住宿接待方面也有待改进；同时发现，重庆市的旅游服务贸易国际竞争力提升与 A 级景区数、入境旅游人数、民航客运量和基础设施投资建设有很大相关性。汤捷、张继成、胡诗雨（2021）对我国的旅游服务贸易出口进行了竞争力分析，发现我国入境旅游服务贸易特点鲜明，首先是客源国集中，其次是游客主要目的并不是观光游览；通过 MS、TC、RCA 等指数分析，发现除了中国澳门外，我国其他省份旅游服务贸易竞争力不高，且有降低趋势。文艳、孙根年（2020）分析了旅游服务贸易的国际分工及中国在其中的角色演化，发现自 2010 年开始，因我国政策变动导致的出入境旅游人数不平衡情况越来越严重，提议推动我国出入境旅游回到相对平衡状态。

在旅游服务贸易的影响因素研究方面，张佳沂（2022）运用我国的旅游服务贸易和文化服务贸易相关数据进行了相关实证分析，发现旅游服务贸易和文化服务贸易两者之间正相关关系明显，且互为因果关系，但没有空间关联性。庞硕（2022）使用定性分析和定量分析结合的方式研究了数字经济对我国旅游服务贸易出口的影响，发现数字经济发展水平对我国各省份的旅游贸易出口起到积极影响，但依然存在地区及收入水平的差异。张伟轶（2021）使用定量研究法研究了志愿服务行为对旅游服务贸易的影响，结果显示，在旅游服务贸易国际竞争力核心建设的关键时期，我国旅游志愿服务水平需要从各方面进行提高。高戈（2022）对我国旅游服务贸易政策与发达国家的旅游政策进行了对比，发现由于政策的不完善，我国的旅游服务贸易的国际竞争力并不明显；相比发达国家的入境旅游政策，我国相关政策的缺失更是给入境旅游带来了众多不便。

曹刚和苏建伟（2022）利用钻石模型及 Stata 回归分析法研究了上海旅游服务贸易高质量发展的原因，发现在校大学生数、国际旅游入境人数、旅行社个数对其影响显著。夏婉莹（2022）分析了山东省目前旅游服务贸易的不足之处，阐述了"一带一路"倡议下山东省的机遇与挑战，指明"一带一路"倡议虽为山东省带来了新一轮挑战，但也带来了一定的机遇。李俊琳（2021）使用定性分析和定量分析结合的方法，借助钻石模型分析了海南省自由贸易港旅游服务贸易竞争力的影响因素，发现相关产业与支持企业、企业战略、结构和竞争与需求条件对海南省旅游服务贸易都起到了不同程度的积极影响，最为明显的则是企业战略与需求条件；但海南省旅游服务贸易的不足之处也十分明显，主要为旅游产品缺乏活力及交通设施不完善等。

2.2.3 贸易潜力的相关研究

贸易潜力的实证研究方法主要有传统引力模型分析方法和随机前沿引力模型法两种。传统贸易引力模型由丁伯根（Tinbergen，1962）和哈波宁（Poyhonen，1963）提出。在此基础上，尼尔森（Nilsson，2000）和艾格（Egger，2002）提出了贸易潜力的概念和用实际贸易额和贸易潜力的比值来衡量贸易效率。之后就有众多中外学者用此方法及扩展形式来研究贸易潜力，比如鲍德温（Baldwin，1994）使用传统引力模型测算了中东欧国家间以及中东欧与西欧国家间的双边贸易潜力。卡比尔和萨利姆（Kabir and Salim，2011）对欧盟和东盟 1994～2008 年的贸易潜力变化进行了测算，发现两者之间的潜力会随着时间的推移逐渐减小。马科切肯等（Makochekanwa et al.，2012）运用贸易引力模型，调查了在纺织品贸易方面博茨瓦纳尚未实现出口潜力的对象国，发现加拿大、丹麦、芬兰、加纳、莫桑比克和瑞士是博茨瓦纳应增加纺织产品出口的目的地。希纳嘉等（Sinaga et al.，2019）建立经典引力模型，使用关税、是否存在自由贸易协定、人口、各国国内生产总值、贸易距离和份额等自变量来衡量印度尼西亚水果贸易的潜力，结果表明，贸易潜力最高的水果是番石榴和芒果，香蕉、木瓜、梨等紧随其后。达达卡斯等（Dadakas et al.，2020）应用引力模型和泊松极大似然估计法检验了阿拉伯联合酋长国的贸易和贸易潜力的决定因素，结果显示，阿拉伯联合酋长国与其部分主要的贸易伙伴，包括海湾阿拉伯国家合作委员会（以下简称海合会）及太平洋自由贸易区（PAFTA）多数成员方在内的贸易潜力已经枯竭。

卡拉古思和萨拉伊（Karagoz and Saray，2022）运用引力模型测算了土耳其与其余亚太国家的贸易潜力，结果表明，国家经济规模对土耳其与其他亚太国家的贸易起积极影响，距离对其起到消极影响，人口规模对土耳其与其他亚太国家的贸易影响不大；且土耳其对几内亚、秘鲁、缅甸等亚太国家的贸易潜力还未被完全挖掘，有极大的扩大规模空间。埃米克纳（Emikönel，2022）运用扩展的引力模型研究了2008～2019年中国与其余97个在双边贸易中占重要地位的国家或地区的贸易情况，并分析了贸易的决定因素。结果表明，GDP和人口规模无论是对外贸依存度高的国家还是对外贸依存度不高的国家的贸易都起到了积极影响，而距离对双边贸易的影响相对消极，随着距离的增加，距离对双边贸易的消极影响也会增加。马苏德等（Masood et al.，2022）通过增广引力模型分析了南非国家与巴基斯坦的贸易潜力，研究表明，平均关税征收和GDP对巴基斯坦的贸易额有正面影响，而对报告国产生了负面影响。与此同时，共同语言、内陆国家和距离对巴基斯坦贸易总额的影响也十分显著。布甘米（Boughanmi，2008）使用贸易引力模型测算了海合会成员方的贸易潜力，结果表明，虽然海合会内部的贸易水平多年来变化不大，但海湾国家与美国新签订的自由贸易区协定对成员方贸易潜力的提升将有很大的优势。

随机前沿引力模型是在传统引力模型的基础上结合随机前沿方法来分析国家间贸易效率和贸易潜力的方法。康和弗拉蒂安尼（Kang and Fratianni，2006）同时运用随机前沿引力模型和传统引力模型来对比分析双边贸易，发现随机前沿引力模型的结果更为精确并且更贴近实际贸易水平。拉维尚卡尔和斯塔克（Ravishankar and Stack，2014）引入随机前沿引力模型，以17个西欧国家和10个新成员方的双边出口数据为样本进行分析，结果显示实际贸易额接近前沿贸易水平的 2/3, 贸易效率比较高, 贸易阻力比较小。穆罕默德等 (Muhammad et al., 2019) 利用随机前沿分析法对 1995 ～ 2015 年巴基斯坦 62 个贸易伙伴的化学产品出口的主要决定因素进行研究, 研究发现巴基斯坦化学品出口远低于最优水平, 与邻国中部存在巨大的未开发出口潜力。代瓦戴森和钱德兰 (Devadason and Chandran, 2019) 运用随机前沿分析法分析越南与中国的贸易效率, 发现越南对中国的农产品出口比中国对越南的出口更接近其潜在水平, 中越合作仍有提高出口效率的空间。

阿卜杜拉赫 (Abdullahi, 2021) 使用随机前沿分析法来估计扩展的引力模型, 发现尼日利亚对欧盟的农业食品出口具有尚未开发的相对较大的潜力。张和潘 (Zhang and Pan, 2022) 使用时变随机前沿引力模型研究了中国与 "海上丝绸之路" 沿线国家或地区的数字贸易的贸易潜力, 发现随着共建 "一带一路" 国家或地区与中国的合作深化, 中国与共建国家或地区的数字贸易出口额飞速增长, 且对四个地区的贸易额占比保持着相对稳定的状态, 对 "海上丝绸之路" 沿线国家或地区的贸易潜力有着极大的发展空间。伊百德拉和阿里 (Ebaidalla and Ali, 2022) 运用了随机前沿引力模型评估分析了阿拉伯内部贸易一体化的潜力, 发现阿拉伯国家之间的贸易中存在着 "边境内" 和 "边境外" 两个约束, 这两个约束阻碍了阿拉伯国家之间的贸易流动。

我国学者运用传统引力模型进行贸易潜力分析的研究较多。毕燕茹和师博 (2010) 使用贸易互补性指数分析与建立引力模型, 发现中国与中亚五国有较大的贸易潜力。邓晓虹等 (2014) 基于扩展的引力模型对中国双边金融服务出口的决定因素及出口潜力进行了研究。周冲和周东阳 (2020) 通过 2001 ～ 2018 年数据, 运用扩展的引力模型对中国与拉美 30 个国家贸易潜力进行测算, 结果表明中国与多数拉美国家的贸易属于潜力开拓型, 未来仍有较大的贸易空间。潭江临等 (2022) 使用拓展贸易引力模型对 RCEP 成员方中的中国和日本两个国家作了详细分析, 研究发现中日两国之间的服务贸易整体竞争性相较互补性来说较弱, 与此同时, 两国之间的互补性在不断加强; 研究还发现, 中日两国的服务贸易交流随着时代的发展日益紧密, 双边服务贸易受两国各影响因素如经济规模、服务业增加值占 GDP 比重和服务贸易开放程度的正面影响，中日双边服务贸易正处于潜力开拓型阶段，具有较大提升空间，并就此给出了相应的建议。

潘明清等（2022）通过 2005～2019 年 113 个进口国（地区）与 89 个出口国（地区）的金融服务贸易数据，运用扩展引力模型对中国双边金融服务贸易进行分析测算，中国的双边金融服务贸易潜力的测算对象为主要贸易伙伴与小型贸易伙伴，测算结果表明，在经过对比后，小型贸易伙伴的双边金融服务贸易潜力相较于主要贸易伙伴更大。张洪瑜（2022）运用贸易引力模型对我国对 RCEP 成员方文化产品出口的贸易潜力进行了研究，发现中国与 RCEP 成员方的文化产品的贸易潜力仍可以进行深入挖掘，尤其是对澳大利亚；由于各国情况不同，中国对各国的文化产品贸易潜力也相应不同，但总体而言，我国对 RCEP 各成员方的文化产品贸易潜力都有待进一步发掘。

李国庆等（2022）使用贸易引力模型研究了 RCEP 背景下中国与东盟十国双边贸易的发展潜力。研究结果显示，中国出口贸易额与经济规模显著正相关，且人口规模与出口贸易额显著正相关；而负相关因素主要为贸易距离。最后，作者基于研究结论对中国与东盟的双边服务贸易提出了"提升班轮运输效率、高效利用共同边界、积极探索贸易新路径、加强金融开放合作"的四点合理化建议。彭虹（2022）运用了传统贸易引力模型对中国与"一带一路"自然延伸的南太平洋岛国之间的贸易关系及贸易潜力进行了实证研究。结果表明中国对南太平洋五岛国的直接投资及双边贸易与经济发展水平、直接投资呈显著正相关，而地理距离、人口比率等因素均对双边贸易起到了负影响；且双边贸易潜力尚未充分挖掘，贸易市场不饱和，贸易潜力较大。

随着随机前沿方法在贸易潜力测算中的应用，谭秀杰和周茂荣（2015）运用此模型，以 2005～2013 年中国、马来西亚、印度尼西亚、新加坡、泰国、越南、菲律宾、印度、巴基斯坦、斯里兰卡、阿曼、阿拉伯联合酋长国和卡塔尔 13 个国家的数据作为"海上丝绸之路"的样本，研究了"海上丝绸之路"主要沿线国家或地区间的贸易潜力，并采用一步法分析了影响因素。结果表明，出口国和进口国人均 GDP 都出现了非常显著的正估计弹性，这表明"海上丝绸之路"沿线国家或地区的经济发展水平越高越能促进贸易的发展，且出口国和进口国人口总量与出口呈显著正相关关系，而贸易双方的海运距离对出口有显著负影响。研究还发现，"海上丝绸之路"沿线国家或地区的贸易效率在不断提升，中国出口效率居中，且对"海上丝绸之路"沿线国家或地区的出口效率并不平均，因此，未来我国需要加强对南亚三国（印度、巴基斯坦、斯里兰卡）和海湾三国（阿曼、阿联酋、卡塔尔）两个地区的关注，我国对"海上丝绸之路"沿线国家或地区的出口仍有很大潜力。

李计广和王红梅（2017）通过构建随机前沿模型，发现外国 GDP 及两国间的地理距离是影响中国服务贸易出口的主要因素；中国对大部分国家服务贸易出口是不足的，潜力有待进一步地挖掘和实现。吴天博（2021）对中国对"丝绸之路经济带"沿线 30 个国家或地区的林木产品进口贸易的效率、潜力及其主要影响因素进行研究，结果显示贸易效率整体水平较低，未来贸易潜力与提升空间很大。崔春莹和阳帆（2022）使用随机前沿引力模型就中越双边的贸易效率与贸易潜力进行了测算与展望。研究结果指出，虽中越双方的贸易效率值与贸易潜力呈负相关，但中越的贸易效率在逐年增加且偏高，这说明中越两国的经济贸易发展取得了良好的成果；加之随着两国政府经济合作不断深化，中越两国的贸易潜力不容小觑。同时，作者也为激发中越两国间贸易潜力提出了几点中肯建议。

刘西增（2022）使用随机前沿引力模型研究了"一带一路"背景下中俄两国的贸易潜力，研究显示，中俄目前的贸易结构仍存在相当的问题，贸易效率值仍处于较低水平，但两国的贸易潜力空间巨大，待挖掘空间丰富。黄孟菲（2022）利用随机前沿引力模型对中德两国的贸易潜力进行相关分析，认为中德两国贸易规模随着两国关系日益紧密而迅速发展，且在大部分产业上具有较强的贸易互补性，但在部分产业上的竞争性较强，如资本或技术密集型产品；中德两国的贸易潜力并未发挥到最大，仍有进一步挖掘的空间。陈文选（2022）运用随机前沿引力模型测算了我国对欧亚联盟汽车出口的贸易潜力，结果显示，我国汽车出口欧亚联盟的规模扩大速度快，且发现 GDP、进口国的人口规模等因素对出口有正向影响，而进口国的人口规模和地理距离等因素以负面的方式影响了我国汽车的出口；我国对俄罗斯的汽车出口潜力最大，而对亚美尼亚的汽车出口潜力还有待挖掘。李江（2022）也以此方法对中国与中东欧国家的数字服务贸易进行了相关研究。研究发现，中国与中东欧各国的服务贸易正处于飞速发展阶段，且在数字服务贸易方面具备的竞争优势较大，贸易互补性较强，对于中东欧各国，中国的数字服务贸易还有极大的发展空间。

随着 RCEP 的签署，各成员方之间的贸易潜力研究也被放到了重要的位置。李丹和武杰（2022）基于 RCEP 各成员方背景利用 CMS 模型及随机前沿引力模型分析中国数字产品出口增长动态的影响因素及中国数字产品出口潜力和出口非效率的影响因素，并测度了中国数字产品出口的潜力值。研究发现 RCEP 已成为中国数字产品贸易的主要海外市场，且中国与成员方之间已经形成了以数字中间品贸易为主要形式的区域分工体系，但中国对 RCEP 成员方数字产品出口效率较低，潜力较大，受各效应影响较为明显。张钧博（2022）使用随机前沿引力模型研究了在高新技术产品出口方面中国对 RCEP 成员方的贸易潜力。研究表明，在十四个成员中，中国高新技术产品出口效率较高的只有新加坡一国，出口效率正在攀升的国家多为新型发展中国家经济体；而对在技术产品方面较为领先的国家如日本、韩国的出口效率较低，但出口市场基础相对较大，中国对 RCEP 成员方的高新技术产品出口仍有较大的贸易潜力待发掘。

2.2.4　旅游服务贸易潜力相关研究

国外学者关于旅游服务贸易潜力的研究早期基于定性的专家意见预测方法，如卡纳克和布鲁姆（Kaynak and Bloom，1994）运用德尔菲法来预测南非的旅游服务贸易潜力，结果发现由于预期的高旅游市场增长率，南非旅游业预计在未来五年内将有很大的发展。诺帕尼（Neupane，2013）通过对尼泊尔的巴德岗杜巴广场的游客、私营企业和公共部门机构进行问卷调查；对旅游企业家和当地政府官员进行了专题小组讨论和关键信息访谈，发现其旅游业潜力巨大，丰富的文化、历史和宗教遗产，独特的地理位置，特色旅游产品和服务形象是吸引游客的主要因素，而基础设施的薄弱与旅游景区管理能力与旅游宣传的缺乏抑制着当地旅游的发展。卡赫维奇和奥库玛（kahveci and Okutmuş，2017）对阿兰亚作为医疗旅游目的地的潜力进行研究，通过专家访谈发现阿兰亚医疗旅游潜力大。利艾亚等（Lyailya et al.，2020）通过对哈萨克斯坦进行社会学调查，分析了哈萨克斯坦的旅游服务贸易潜力和生态旅游开发。

在定量研究方法方面，玛纳斯和库尔（Manhas and Kour，2014）在分析"丝绸之路"上印度旅游服务竞争力的基础上，运用时间序列的最小二乘法，在已有数据的基础上计算并预测印度的来访游客量。桑塔纳－加利戈等（Santana－Gallego et al.，2016）建立拓展的引力模型分析经济和货币联盟对37个发达国家的国际旅游流动的影响。研究发现得益于欧元的采纳，1995～2012年欧元区国家之间的旅游规模得到大幅提升，各欧元区国家的入境旅游人数增长幅度高达44%～126%，并且存在旅游创造效应和潜在旅游收益。拉多瓦诺夫（Radovanov，2020）利用产出导向数据包络分析（DEA）法测算欧盟国家和西巴尔干半岛国家旅游业发展潜力。

国内学者早期研究也多为定性分析，主要通过因子分析法和德尔菲法等来研究国内的旅游服务贸易潜力情况。曹新向（2007）通过构建区域旅游产业发展潜力评价指标体系，运用因子分析法进行研究，发现我国东中西部省份的旅游潜力和经济发展的差异基本上相似，从东向西依次减弱，并且旅游发展潜力的强弱分布基本上与旅游竞争力的强弱分布一致。廉同辉等（2010）采用德尔菲法和层次分析法发现广西猫儿山国家级自然保护区开发潜力较大。崔琰和席建超（2015）采用因子分析法构建了潜力因子分析计算模型来计算各省级区域的旅游服务贸易出口市场潜力。

在定量分析方面，金思琪（2018）以多种理论为基础，通过构建引力模型，研究了中国与韩国的服务贸易潜力。研究结果显示，中国与韩国的旅游服务贸易并不稳定，仍处于潜力开拓阶段，仍有较大的提升与改善空间。周启良和湛柏明（2017）在研究国际竞争力的基础上分析了中国与共建"一带一路"国家或地区服务贸易潜力，发现旅游业为中国出口潜力较大的服务业之一。王佳莹和张辉（2019）运用熵值法从经济、社会、旅游资源和环境发展潜力等方面评价了共建"一带一路"国家或地区的服务贸易潜力大小，研究认为西亚地区会在很大程度上成为未来"一带一路"沿线旅游竞争潜力发展最快的区域。文艳和孙根年（2021）基于异质性随机前沿引力模型，对旅游服务贸易中的入境旅游效率进行研究，发现中国入境旅游效率并未达到最优，潜力较大。张昱龙（2022）基于钻石模型构建回归模型并分析了中国旅游服务贸易的影响因素。回归结果显示，我国在入境旅游方面整体客源单一，且多数游客对于旅游性质的消费及娱乐较少；对我国服务贸易国际竞争力影响较为显著的因素较多，其中包括了生产因素、需求因素及企业战略结构与竞争等；同时，旅游业从业者和大型旅游企业的数量对我国的旅游服务贸易起到了积极的影响。

文艳等（2021）采用组合式量化方法，测量了全球主要发达国家和发展中国家 2000~2018 年的旅游服务贸易比较优势，结果表明，从变动方向与平均变动幅度方面来讲，全球范围内，大部分国家基本保留了其最初的状态，且得到了一定的强化；发达国家及发展中国家在旅游服务贸易比较优势方面各有进退，我国的旅游服务贸易比较优势有减弱的趋势，进入低水平阶段。周婷（2022）运用了随机前沿引力模型与贸易非效率模型分析了中国对RCEP 成员方的旅游服务贸易出口潜力。研究显示，RCEP 成员方在中国旅游的规模效率还有进一步开发的空间。就平均效率而言，将来华游客的国籍进行细分，发现经济较发达的国家或地区如新加坡、韩国、澳大利亚等来华旅游的平均效率最高，而像缅甸、越南、老挝等人口较少、经济欠发达的地区来华的游客规模也相应地不高，贸易潜力及可拓展规模也相对较大。

2.2.5　旅游服务贸易效率相关研究

对旅游服务贸易效率的研究主要集中在国内旅游和入境旅游效率方面。伊利克和彼得洛夫斯卡（Ilićl and Petrevska，2018）使用 DEA 模型对塞尔维亚及周边国家的旅游效率进行测算，发现旅游效率较高的有黑山、波斯尼亚和黑塞哥维那、克罗地亚等六个国家，其余九个国家的旅游效率相对来讲较低。卡博尼（Chaabouni，2019）使用两阶段双 Bootstrap 方法分析了 2008~2013 年中国 31 个省份的旅游效率及影响因素，发现中国的旅游效率存在区域差异，同时，贸易开放、气候变化和市场的竞争激烈程度对旅游效率起到了在一定程度上的积极影响。高希和贝塔拜耳（Ghosh and Batabyal.，2021）使用 DEA 模型对印度的可持续旅游政策的旅游效率进行了实证研究，研究发现，从环境和经济的角度来看，印度较小自治州的表现相较于较大自治州的表现较好，且面积和各州人均生产总值对该地的旅游效率影响显著。

国内学者在旅游效率领域的研究成果颇丰。近 20 年来国内学者对旅游效率研究经历了萌芽期、多元发展期和深入发展期三个阶段。研究内容涉及行业发展效率、经济发展效率和社会发展效率，效率测度与评价、时空特征、影响机理和提升对策是主要的研究角度（李锦宏等，2020）。在入境旅游效率的测度和影响机理方面，唐睿（2018）使用 DEA 法对"海上丝绸之路"五省份进行了入境旅游市场效率分析，结果表明，浙江省、福建省、广东省受到政策正面影响最大，旅游企业的发展、对外开放的程度等因素对入境旅游市场效率具有显著提升作用，旅游交通的改善对效率的促进影响更为明显。徐雨利等（2022）运用全局超效率模型及双重分差模型研究了"一带一路"倡议对我国沿线省份入境旅游效率的影响，发现"一带一路"倡议提出后，我国各省份的基础设施及人力资源有了极大的改善，入境旅游效率也随之有了显著提升，同时也发现，经济发展和产业结构对入境旅游效率起负作用。郑舒文（2022）分别运用了 DEA – BBC、DEA – Mmalmquist、Tobit 回归模型研究了"陆海新通道"对我国"一带一路"沿线十省份的入境旅游效率的影响及其影响因素，研究发现，各省份的入境旅游效率具有一定的差异，大部分省份的入境旅游效率具有极大提升潜力；同时，研究结果表明交通水平、信息化程度、对外开放水平等影响因素对各省份的入境旅游效率起到了积极的影响。

沈宁（2021）使用 DEA – Malmquist 模型和 DEA – BBC 模型对长江经济带入境旅游效率进行了评价及影响因素分析，研究发现，长江经济带的旅游效率具有区域间的差异性，同时发现对长江经济带旅游效率起到显著积极影响的因素不仅有对外开放程度，还有交通发展状况，而环境保护状况和旅游产业结构对长江经济带入境旅游效率没有显著影响。李振环等（2021）使用随机前沿引力模型对粤港澳大湾区背景下澳门的入境旅游效率展开实证分析，分析得出澳门入境旅游较高的客源地集中在内陆省份及江浙沪地区，较低值出现在东南沿海各省。周悦（2020）使用均值比率法、比较法、重心分析法、统计分析法测算了中国 31 个省份的入境旅游效率省级差异及造成差异的因素，发现我国各省份之间的入境旅游效率差异主要体现在上海市、天津市、广东省与其他省份的差异上，且入境旅游效率出现了东西差异；并且，对外经济贸易、经济发展水平及区域交通条件从高至低，不同程度、不同方向地影响着各省份的入境旅游效率。唐睿（2021）通过 2011～2019 年数据发现，日本的贸易便利化对其入境旅游效率起到了促进作用，而这种情况对亚洲的影响相较于对欧洲和美洲的影响则更为明显。

在旅游产业效率的测算和影响机理方面，龙文婷（2022）运用 SBM - Malmquist 模型对西藏自治区七个地级市进行了旅游产业效率测评，结果发现七个地市的旅游产业效率整体呈现平稳上升趋势，除去 2020 年疫情期间的波动，2019 年前的西藏全要素生产率提升趋势明显。同时发现，经济发展水平、旅游资源、民俗文化资源数量对于西藏的旅游产业效率有显著促进趋势。于婷婷和左冰（2022）使用 DEA 模型测算了各省份的旅游经济效率，并分析了旅游经济效率与信息基础设施和信息基础消费之间的关系，发现旅游经济效率并未被信息化完全带动。信息化中的信息基础设施驱动是对旅游经济效率产生促进作用的主要因素，信息技术消费对旅游经济效率的抑制作用明显。且从宏观角度看，我国的旅游经济效率地域差异依旧明显，呈"东部＞中部＞西部"的梯度特征。

在生态旅游效率和旅游扶贫效率等前沿研究领域方面，田红和赵庆鹏（2022）采用三阶段 DEA 模型及 Tobit 模型测度了山东省及 16 地市的旅游生态效率并分析其影响因素，结果显示山东省的生态旅游效率水平较高，且朝稳中向好趋势发展；正向影响因素主要为业态创新、城乡协调和对外开放，环境规制和城市规模对旅游生态效率抑制作用明显。郭涛和王瑜（2022）使用 DEA 与 Malmquist 指数模型对我国民族地区的旅游扶贫效率进行了研究，发现 2005～2019 年旅游扶贫效率整体位于中游，且有衰退迹象。杨玉珍等（2022）借助超效率 SBM 模型和 ArcGIS 软件测算了黄河流域的旅游生态效率，并探索其空间演变及空间溢出效应，结果显示黄河流域省市的旅游生态效率在时间和空间上都有明显特征，且空间溢出效应显著。

2.2.6 旅游服务贸易影响因素相关研究

学术界已有较多关于旅游服务贸易影响因素的研究成果。外国学者所研究的影响因素主要为国际贸易、基础设施、石油价格等四个方面。达米尔（Damir，1996）研究克罗地亚地区的旅游，发现基础设施和配套服务的不足抑制了当地旅游服务贸易的发展。卡迪尔乔格鲁（Katircioglu，2009）运用协整边界检验法和格兰杰因果检验法分析塞浦路斯的旅游、收入和国际贸易之间的关系，发现国家实际收入增长促进国际旅游人数的增长，国际贸易的增长也刺激来访国际游客的增加。詹森和张（Jensen and Zhang，2013）研究发现目的地的价格竞争力、旅游基础设施和安全保障性影响旅游服务供给，从而影响旅游服务贸易，同时人均 GDP、互联网使用情况也对旅游服务贸易有影响。阿芙蒂耶娃（Avdeeva，2016）分析了石油价格变动对俄罗斯旅游服务贸易的影响，发现石油价格的变动对旅游服务贸易的出口有重要影响。希（Chi，2015）研究发现国外收入与国内收入的相对增长是美国旅游贸易平衡的关键决定因素，而实际汇率被发现是影响这一平衡的一个重要的长期因素，并且美元升值（贬值）恶化（改善）美国旅游贸易平衡。塔里克特等（Tarik et al.，2018）同样就汇率对旅游服务贸易的影响进行研究，分析了汇率对美国与加拿大、墨西哥和英国双边旅游贸易的影响程度，发现美元贬值会改善美国与所有三个贸易伙伴的贸易平衡，美元升值对美加和英美的双边旅游贸易平衡会产生消极影响；但从长期来看，美国与墨西哥的双边旅游贸易并没有受到显著影响。萨马和莫鲁阿（Sama and Molua，2019）对喀麦隆的生态旅游服务进行分析，发现客源国的收入、旅游价格和基础设施的供给显著影响当地旅游服务贸易的发展。

国内学者在这一领域也有丰富的研究成果，主要从服务业产业内贸易、客源国青中年人口比重、汇率等六个方面探讨国际旅游服务贸易的影响因素。从服务业产业内贸易角度来说，胡颖和韩立岩（2008）对国际旅游服务业产业内贸易进行研究，结果表明人均收入差异程度、市场集中度、对外直接投资、两国间的直线距离以及旅游资源差异程度与国际旅游服务业产业内贸易程度正相关；贸易不平衡度、市场规模差异程度、市场开放差异程度、跨国公司和其国外子公司之间的贸易流以及交通质量差异程度与国际旅游服务业产业内贸易程度负相关。王细芳和陶婷芳（2010）基于有效需求角度分析，发现客源国青中年人口比重是中国旅游服务贸易出口的主要影响因素，其次为客源国城市化程度、本国就业率、人均国民收入和经济距离。张昱龙（2022）利用钻石模型构建回归模型测算了中国旅游服务贸易的影响因素。回归结果显示，对我国服务贸易国际竞争力影响较为显著的因素较多，其中包括了生产因素、需求因素及企业战略结构与竞争等，而相对来说影响并不大的因素为相关性产业。

耿献辉和张武超（2018）从资源禀赋和制度约束角度研究，发现星级酒店数量、高素质人才数量、旅游业劳动力生产率、贸易开放度和外商直接投资金额对旅游服务贸易出口有显著的促进作用，汇率和自然灾害对旅游服务贸易出口有显著的抑制作用。晁文琦等（2018）研究中美之间旅游服务贸易，发现造成中美服务贸易逆差的主要原因在于中国产品的附加值低，中国较低的服务贸易市场化水平和贸易壁垒严重阻碍两国双边贸易；人均收入水平的差距决定着中美的差异型经济需求结构。李宇哲（2021）以钻石模型、旅行和观光竞争力指数为基础构建了基本评价框架，对湖北省的旅游服务贸易进行了评价与分析。研究表明，湖北省的旅游服务贸易竞争力位于全国中等偏上水平，旅游发展较为发达，但在设施建设和政策力度方面稍显不足，所以没有成为旅游强省。刘元琦（2021）在引力模型基础上构建了旅游服务扩展贸易引力模型，研究了中国对共建"一带一路"国家或地区旅游服务贸易出口的影响因素，发现对中国对共建"一带一路"国家或地区旅游服务贸易出口有显著正影响的因素分别为经济规模、旅游服务贸易开放度和城市化率，作用与之相反的影响因素为地理距离；而旅游服务业发展水平差异对旅游服务贸易出口的影响不大。同时，作者比对了发达国家和发展中国家的回归结果发现，距离因素对我国旅游服务贸易出口的抑制作用大于对发达国家的抑制作用。

董可（2021）运用了超效率 DEA 模型及灰色熵权法研究了绿色发展背

景下生态效率对我国旅游服务贸易出口竞争力的影响，结果发现，生态水平的提升对于旅游目的地本身及邻近区域的旅游服务贸易出口竞争力有着明显的增强作用；在旅游出口竞争力的影响方面，城镇化水平、技术水平、投资开放度、工厂污染治理度在不同程度和不同方向都起到了显著作用。王修志等（2021）研究苏浙沪粤京 5 省（市）与主要客源国家（地区）间的贸易潜力，发现旅游企业固定资产原值、外资星级饭店数量、国内居民旅游人数、旅行社数量等对其存在正向促进作用，他们认为适当调整旅游业从业人员结构、使城市公共交通工具多样化、进一步完善免签开放制度，将有利于促进旅游服务贸易出口。邓晓虹和黄满盈（2022）运用面板 Tobit 分析对中国的双边旅游服务贸易的出口潜力进行了相关实证研究，研究表明，对中国旅游服务出口具有显著影响的因素主要包括：进出口双方的 GDP 和人均GDP、进出口双方之间的物理距离，以及进出口双方的年均温度、汇率、双方间边距是否相邻、是否有自贸协定、是否拥有共同语言及是否曾经拥有殖民联系。在上述对中国双边旅游服务贸易的影响因素中，出口国的人均GDP、经济体之间的物理距离和进口国的年均温度对旅游服务贸易出口起到一定阻碍作用，除此之外的其他影响因素皆均有正向促进作用。研究还发现，在 2010～2020 年近十年间，共有 22 个国家呈现出贸易不足的状态，出口潜力巨大。

张昱龙和陶萍（2022）运用钻石模型构建回归模型，对中国旅游服务贸易的国际竞争力及影响因素进行了实证分析，分析发现，旅游从业者对旅游服务贸易国际竞争力的正面影响显著，与此相反的是旅行社数量对中国旅游服务贸易国际竞争力有显著负影响。程盈莹和成东申（2022）基于 Gdelt 新闻大数据库，结合前人的研究模型与经典贸易引力模型构建计量模型，研究舆论关注度和舆论褒贬度对我国入境旅游的影响。结果表明，在主要客源国中，舆论对我国的报道总体偏向负面，同时还发现，舆论关注度对我国入境旅游的促进作用相较于舆论褒贬度对我国入境旅游的促进作用来说更大。对于新闻报道的异质性研究发现，客源国国内主流媒体报道对我国入境旅游贸易有显著影响，且国际媒体对我国政治和经济方面的关注度对我国的入境旅游贸易起到了显著的提升促进作用，但是这两方面的褒贬度影响却并不似前几个方面显著。

谭秋亚（2017）基于随机前沿引力模型，通过 stata12.0 分析数据，对中国—东盟自由贸易区对中国旅游服务贸易的影响进行了实证研究，结果发现，国内生产总值、双边人口总量及汇率对双边旅游服务贸易起到显著的正向影响，而距离、是否使用共同语言这两个因素对双边旅游服务贸易起到了一定的负向影响。吴璇（2022）选取了五个指标并建立回归模型，分析了经济合作与发展组织（OECD）制度距离对中国旅游服务贸易出口的影响，发现如贸易自由度、货币政策自由度、金融自由度等的制度距离对于中国的旅游服务贸易出口有显著的影响，而企业运营自由度对其影响不明显。杜方鑫和支宇鹏（2022）基于 UN Comtrade 数据库 EBOPS2002 标准分类数据，对 RCEP 内中国与其他成员方的服务贸易竞争性与互补性进行了分析。分析结果显示：就竞争性而言，中国与 RCEP 成员方均存在服务贸易竞争力较强的部门，如建筑、计算机、财务等行业，但在保险、运输等领域的竞争力相较于其他成员方来说稍显逊色；就互补性而言，中国与多数 RCEP 成员方服务贸易互补性较强，可以与如日本、韩国、新加坡等互补性指数较高的国家进行互补；而中国的突出领域大多分布在运输、建筑、保险等行业。

2.2.7　文献评述

通过相关文献梳理发现，首先，在关于 RCEP 服务贸易规则的研究上，多数学者对 RCEP 中的整体服务贸易条款、金融服务贸易和电信服务贸易条款进行了分析，部分学者也在此基础上研究了中国与 RCEP 国家的服务贸易，指出协议的签署对中国服务贸易发展会产生积极影响。但是关于 RCEP 中旅游服务条款及该协定签署后对中国旅游服务贸易出口影响的研究文献较少。

其次，在贸易潜力的研究方法上，定量研究方法主要为传统引力模型和随机前沿引力模型。而在旅游服务贸易潜力的研究上，国内外学者早期多使用调查法、因子分析法等方法，而近年来随着货物贸易潜力研究方法在服务贸易中的应用，部分学者也开始使用引力模型和随机前沿引力模型来分析旅游贸易潜力，但运用随机前沿引力模型对旅游服务贸易出口潜力进行实证研究的文献较少。

最后，对旅游服务贸易影响因素的分析发现，学者们所关注的因素主要包含了东道国因素、客源国因素和双方决定因素，东道国因素主要为旅游供给因素、经济和人口因素等，客源国因素则主要为经济因素和人口因素，而双方决定因素包括了国际进出口贸易和贸易开放度等。

第3章

RCEP 成员方国际旅游发展现状

3.1　RCEP 发展历程和现状

改革开放以来，随着中国综合国力的提升、经济的快速发展与全球化趋势的加剧，我国的发展面临着许多的机遇与挑战。为了能更好地促进发展并规避风险，我国先后加入了国际货币基金组织、世界银行、世界贸易组织、中国—东盟自由贸易区、RCEP 等国际组织。其中 RCEP 涵盖了 22 亿人口，十五个成员方 GDP 合计 25.6 万亿①美元，经济总量和贸易额分别占到了全球总量的近 1/3，是有史以来全球规模最大的自由贸易区。那么，RCEP 是如何提出的呢？它的发展又经历了哪些历程？它的签订对我国经济发展有何影响，又给世界经济格局带来了怎样的影响？

3.1.1　RCEP 发展历程

RCEP 是由东盟、中国、日本、韩国、澳大利亚和新西兰共同签订的多边自由贸易协定。该协定的主要目的在于通过构建一个现代、全面、高质量

---

①　联合国数据库各国国内生产总值和人均国内生产总值（Gross domestic product and gross domestic product per capita）［EB/OL］．［2022 – 12 – 14］https：//data. un. org/_Docs/SYB/PDFs/SYB65_230_202209_GDP% 20and% 20GDP% 20Per% 20Capita. pdf.

和互惠的经济伙伴关系框架，以促进区域贸易与投资的扩张，推动世界经济增长与发展，同时兼顾各缔约方所处的发展阶段和经济需求；在货物贸易、服务贸易和投资等方面实现区域内的自由化和便利化。

RCEP 最初是由东盟提出并倡议的。2004 年，新加坡、文莱、智利和新西兰四国发起并签订 TPP（跨太平洋伙伴关系协定）。2011 年，美国成功地把加拿大、墨西哥等实力强劲的经济伙伴拉入了 TPP 阵营，实现了 TPP 的扩围。与此同时，美国邀请日本加入 TPP，而新加坡、越南和马来西亚三个经济实力较强的东盟成员方也加入了 TPP 的谈判阵营。快速的扩围导致亚太地区被 TPP 所主导，令当时的东盟意识到被分裂的风险，感受到了前所未有的危机。为了维持自己的核心地位，形成更加紧密的东亚经济合作，于是在 2012 年，东盟提出加强东盟的团结和统一，促进东亚经济一体化进程。另外，此前东盟已与中国、日本、韩国等国签订了多个"10 + 1"的自由贸易协定，而同时中国、日本、韩国、澳大利亚、新加坡五国之间也有多对自贸伙伴关系。自贸协定越多，意味着各国海关和与进出口相关的其他部门在落实协定过程中的任务越艰巨、复杂度也越高，由此形成"意大利面条碗"效应。因此 RCEP 将发挥区域内经贸规则"整合器"的作用，同时可以进一步促进地区产业和价值链的融合，为区域经济一体化提供动力。

2012 年 11 月，在柬埔寨金边举行的东亚领导人系列会议期间，东盟十国与中国、日本、韩国、印度、澳大利亚和新西兰的领导人共同发布启动 RCEP 谈判的联合声明，正式启动这一覆盖 16 个国家的自贸区建设进程。谈判内容涉及中小企业、投资、经济技术合作以及服务和货物贸易等十多个领域。

2013～2019 年召开了 3 次领导人会议、19 次部长级会议以及 28 轮正式谈判。2013 年 5 月，RCEP 第一轮谈判在文莱举行。此次会议正式成立了货物贸易、服务贸易和投资三个工作组，并且对其工作规划、职责范围以及可能会面临的问题等议题深入交换了意见。2015 年 8 月，RCEP 第三次部长级会议召开，货物贸易市场准入谈判取得重大突破，各成员就初始出价模式达成一致意见，实质性市场准入谈判即将开始。

2017 年，16 个成员方领导人在菲律宾首都马尼拉召开 RECP 第一次领导人会议。会后联合声明称，虽然近年来全球经济增长有所放缓，逆全球化有所加剧，但相对于其他的区域而言，RCEP 区域内仍然保持着稳定的增长速度，为了保持 RCEP 区域合作的成果，需要整合现有的"东盟 + 1"自由贸易协定，并与其他尚未签订双边自由贸易协定的东盟合作伙伴国之间建立新的贸易关系，并且需要考虑各成员方发展水平的参差，在适当形式内，灵活设立特殊的符合各国国情的有差别的待遇条款。对于谈判的进展，第一次领导人会议表明，为了达到"现代、全面、高质量、互惠"的一揽子经济伙伴关系协定，指示部长们和谈判团队在 2018 年加紧努力，以结束 RCEP 谈判。

2018 年，16 个成员方领导人在新加坡参加 RCEP 第二次领导人会议，再次就货物、服务、投资和规则领域存在的争议展开深入探讨。此次会议相对于一年前在马尼拉召开的第一次会议而言，谈判任务完成度从上年的不足 50% 迅速提升到接近 80%，距 RCEP 谈判的完成只剩最后一步。会议表示将力争在 2019 年达成 RCEP，使各成员方能够早日受益、共同发展。

2019 年 8 月，RCEP 部长级会议在北京举行。本次会议推动谈判取得了重要进展。在市场准入方面，超过 2/3 的双边市场准入谈判已经结束；在规则谈判方面，新完成金融服务、电信服务、专业服务 3 项内容，各方已就 80% 以上的协定文本达成一致，余下规则谈判也接近尾声。2019 年 11 月，RCEP 第三次领导人会议在泰国曼谷举行，历经 7 年经历了 27 轮谈判，此次会议完成了 15 个成员方的全部文本谈判，以及实质上所有市场准入问题的谈判。美中不足的是，印度以"关税、贸易逆差和非关税壁垒方面与其余 15 个成员方之间存在分歧"为理由，拒绝参加此次谈判，导致此次谈判未能成功签署协议，其根本原因是印度目前的产业链较为低端，不希望自身产业受到强烈冲击。

2020 年 11 月，RCEP 第四次领导人会议以视频的形式举行。经过 8 年的谈判，在印度缺席的情况下，15 国领导人共同出席并率先完成了 RCEP 的签署，标志着世界上人口最多、经贸规模最大、最具发展潜力的自由贸易区正式启航。

3.1.2　RCEP 协议内容

RCEP 协议由序言、20 个章节、4 个部分的承诺表共 56 个附件组成，协定法律文本共计超过 1.4 万页，内容庞大、议题覆盖广泛，包括自贸协定基本的特征、货物贸易的自由度以及原产地积累规则、服务贸易、投资准入条款以及相应的规则，协定覆盖了贸易投资便利化、知识产权、电子商务、贸易救济、竞争、政府采购等大量内容，涵盖了区域贸易的各个方面。

在货物贸易方面，首先是关税减让上逐步实现取消所有货物贸易关税和非关税壁垒，RCEP 成员方 90% 以上的货物贸易将最终实现零关税，促进货物贸易的自由化和便利化。其次是在原产地累积规则上采用区域累积原则，对企业如何享受优惠指明了方向。根据原产地积累规则，在确定出口产品原产地时，可以将各 RCEP 其他成员方的原材料累加，使产品能达到"最终出口产品增值 40%"的原产地标准。在货物贸易便利化方面，RCEP 各成员方就海关程序、检验检疫、技术标准等制定了更为严格的规则。RCEP 还纳入了贸易救济、竞争以及政府采购等方面的规定，反对垄断，保持市场公平竞争。

在服务贸易方面，中国、新西兰、越南、菲律宾、泰国、老挝、缅甸和柬埔寨以正面清单方式做出服务贸易承诺，在 RCEP 生效后 6 年内将转化为负面清单。而文莱、马来西亚、日本、韩国、澳大利亚、新加坡、印度尼西亚 7 国则一直采用负面清单承诺。在服务贸易开发水平上，中国在入世承诺约 100 个部分的基础上，新增了管理咨询、制造业研发等相关服务、空运等 22 个部门，并提高了金融、法律、建筑、海运等 37 个部门的承诺水平，达到已有自贸协定的最高水平。而其他 RCEP 成员方也承诺提供更大市场准入，在建筑、工程、旅游、金融、房地产、运输等部门均承诺较大程度的开放。

在投资方面，RCEP 对原"东盟 10 + 1 自由贸易协定"投资规则进行整合升级，在投资市场准入和投资保护等方面作出了全面、平衡的投资安排。投资市场准入上，各成员方均采用负面清单模式做出承诺。

在自然人临时移动方面，为促进各类贸易投资活动，各方承诺对于区域内各国的投资者、公司内部流动人员、合同服务提供者、随行配偶及家属等各类商业人员，在符合条件的情况下，可获得一定居留期限，享受签证便利。

3.1.3　RCEP 对中国旅游服务贸易的主要影响

3.1.3.1　RCEP 对中国旅游服务贸易的直接影响

RCEP 签署对中国旅游服务贸易产生的直接影响体现在区域内人员流动的便利性，国际旅游企业、国际服务团队和旅游产品品牌建设等方面。截至 2020 年的统计数据表明，RCEP14 个国家为中国提供了近 9 亿人口增长潜力的旅游出口客源市场，尽管在旅游签证便利性上未作明确规定，但在 RCEP 规则中，中国允许 RCEP 各成员方来华的商务访问者和在服务或贸易活动时的相关人员及其配偶和家属等自然人可享有在承诺限定的范围内临时入境的便利，使其他成员方来华进行商旅类交流活动将更加便利，增加了中国旅游服务贸易出口客源。

在服务具体承诺表中，外国服务提供者可在中国建设、改造、经营旅馆和餐馆，允许设立外商独资子公司，并且允许与在中国的合资旅馆和餐馆签订合同的外国经理、专家（包括厨师）和高级管理人员在中国提供服务。这些旅游服务承诺有利于在国内市场建设多样化的旅游企业和建设国际化服务团队，从而提高国际旅游服务质量以及国内国际旅游人才的培养。

RCEP 在知识产权方面列明了保护本区域知识产权的方案，在著作权、商标、地理标志、专利和外观设计等产权保护的基础上，还包含了遗传资源、传统知识和民间文艺等领域，表明 RCEP 对知识产权更加注重，这利于各国旅游产品和企业的特色品牌建设。中国也可借此更好地保护和宣传本国的文化遗产资源和传统文化，并打造具有比较优势的特色旅游产品和旅游企业品牌，推动旅游服务贸易的快速发展。

3.1.3.2　RCEP 对中国旅游服务贸易的间接影响

RCEP 对中国旅游服务贸易的间接影响则体现在对货物、商品等生产性贸易方面的便利。根据何蔓莉和孙根紧（2019）的研究可知，国际货物贸易对中国入境旅游发展有正向影响效应，表明随着区域内各国间贸易关税逐步减让至零关税，中国与其他成员方货物贸易规模将扩大，从而促进中国旅游服务贸易中入境旅游的发展。另外，对于旅游消费者而言，关税的减免政策促使区域内产业链可供能力提高，各国消费者可以享受到更多物美价廉的域内国家产品和服务。同时随着先进旅游设备和产品的进口可极大丰富国内消费者消费市场选择以及进一步刺激国外消费者对中国旅游产品的购买需求。而在此条件下就需要中国旅游供给部门提供高质量、高附加值的具有竞争力的旅游产品来满足市场需求。

另外，随着信息化发展及国际互动交流深入，RCEP 指出要促进电子商务在全球范围的使用、合作，电子交易模式和认证技术将利于旅游企业建设"互联网＋国际旅游"，从而促进国内旅游景区在国外的信息共享与宣传，同时方便对国际游客旅游需求的调研，这将进一步丰富旅游服务贸易的发展模式。因此在此基础上，中国应完善互联网及人工智能在旅游及服务行业中的应用，提升旅游消费、行业监管及国际合作的水平，同时更加开放和自由的国际贸易和关税政策有助于优质旅游产品走向海外，进入主流市场，影响主流人群，凸显更具魅力与活力的美丽中国形象。

3.2　RCEP 成员方国际旅游发展现状

3.2.1　马来西亚国际旅游发展现状

马来西亚位于赤道附近，属于热带雨林气候和热带季风气候，其四季无明显区分，温暖多雨，年温差变化极小，游玩不受季节影响。马来西亚拥有众多高质量的海滩、海岛和原始热带丛林，同时动植物资源种类繁多。在原始森林中，鸟类、蛇类、鳄鱼、昆虫等野生动物数量众多，还拥有濒于绝迹的异兽珍禽，如狐猴、巨猿、白犀牛和猩猩等。马来西亚所处地理位置优越，是各国航海家与商船云集之处，各民族文化熔于一炉。丰富的自然资源和浓郁的民族文化形成了独特的旅游吸引力，而位于东南亚中心的地理位置和便利的交通设施提高了游客的可进入性，因此马来西亚非常注重发展旅游业。在新冠疫情暴发之前的 2018 年，旅游业收入不仅占到国内生产总值的15.2%，而且提供了 23.5% 的就业岗位，吸引游客 2 583 万人次①，已成为马来西亚国民经济的重要支柱性产业。2020 年疫情的突然暴发给马来西亚造成了严重的打击，游客数量骤降。马来西亚想要促进其旅游业复苏，必须要实现其旅游业转型，发展特色旅游。

3.2.2 印度尼西亚国际旅游发展现状

印度尼西亚是典型的热带雨林气候，矿产资源、生物资源、农业资源和旅游资源相当丰富，被称为"热带宝岛"。自 20 世纪 70 年代以来，印度尼西亚的旅游业发展迅速，进入高速增长期。1976 年印度尼西亚接待外国游客40 万人次，1979 年上升到 50.1 万人次，1981 年为 60 万人次，1982 年为59.2 万人次。1983 ~ 1989 年，赴印度尼西亚旅游的外国旅游者人数以年均15.6% 的速度增长②，是亚太地区旅游业发展最快的国家之一。目前旅游业为印度尼西亚支柱性产业，显著推动其 GDP 的增长，为当地创造了很多就业机会，维持了社会的稳定发展。

---

① 马来西亚去年国内旅游消费同比增长 4 倍多 [EB/OL]. [2022 - 12 - 21]. http: //cn. china-daily. com. cn/a/202309/21/WS650b9adca310936092f22c92. html? ivk_sa = 1023197a.

② 印度尼西亚国际旅游和入境人次 [EB/OL]. [2022 - 17] https: //data. worldbank. org. cn/in-dicator/ST. INT. ARVL? locations = ID.

3.2.3 泰国国际旅游发展现状

2019 年泰国国民生产总值 4 607.5 亿美元，旅游收入占国民生产总值的 14%[①]，旅游业成为泰国的支柱性产业之一，并保持稳定的增长势头，促进泰国经济文化发展，解决了劳动力过剩的问题。由于拥有得天独厚的地理位置，泰国有着丰富的旅游资源，一年四季树木葱郁、繁花似锦、果实累累、海产丰富，保存完好的名胜古迹、独特的建筑风格、厚重的佛教文化等，形成了独特的旅游吸引力。泰国是世界十大旅游目的地之一，被誉为"亚洲最具异国风情的国家"。但是物流系统薄弱、景点环境恶化、旅游管理机制薄弱、私营部门和地方组织参与不足等问题的长期存在，令泰国在旅游高质量发展上受到了一定的限制。要促进旅游业的稳定发展，泰国必须要加快旅游交通物流设施建设、与周边国家建立互联互通的交通系统、提高新旅游景区发展质量、激发地区发展活力和恢复旅游景区生态，塑造和推广积极的旅游形象，营造良好的市场氛围，以吸引更多游客，从而在激烈的国际竞争中胜出。

3.2.4 菲律宾国际旅游发展现状

从 20 世纪 80 年代以来，菲律宾游客数量逐年递增，2006 年入境旅客人数为 284 万人次，截至 2018 年入境游客数量达到 712 万人次，旅游业对国内生产总值的直接贡献率达到了 12.38%，对就业的直接贡献率达到了 13.23%，2019 年旅游业产值占国内生产总值的 12.7%，[②] 为大约 600 万人创造了就业岗位，过去十年，在旅游业国内生产总值贡献率增长最快的国家中，菲律宾排名第七位。然而，尽管菲律宾旅游业表现出色，但在充分发挥其潜力方面仍然落后。与其他发展中经济体的经验一样，菲律宾也面临着伴

---

① 泰国人口总数 ［EB/OL］. ［2022 - 12 - 19］. https：//data. worldbank. org. cn/country/% E6% B3% B0% E5% 9B% BD.

② 菲律宾 GDP（现价美元）［EB/OL］. ［2022 - 12 - 10］ https：//data. worldbank. org. cn/country/% E8% 8F% B2% E5% BE% 8B% E5% AE% BE.

随旅游业快速发展而出现的环境恶化和资源枯竭等问题。在新冠疫情的影响下，2020 年菲律宾入境旅客人数为 232 万人次，比 2019 年萎缩 84%，① 这给菲律宾带来了巨大的挑战，菲律宾政府制定了《国家旅游发展计划》（NTDP），期望其旅游业在未来能够可持续发展。

3.2.5　新加坡国际旅游发展现状

新加坡是"亚洲四小龙"之一，经济发展十分迅猛，由于地理位置优越，一直扮演着地区服务中心的角色，在政府的支持下，克服其自身旅游资源匮乏的难题，大力发展其旅游业并取得了显著的效果，成为世界十大旅游中心之一，被誉为"亚洲旅游王国"，旅游业已成为其支柱性产业。新加坡旅游局数据显示，从 2007 年 1～12 月，到访本地的旅客人次高达 1 030 万人，每年吸引游客 1 000 多万人次，年收入达 108 亿新币，占新加坡 GDP 的 4%，并提供 15 万个就业机会。2015 年，新加坡旅游业对国内生产总值的直接贡献率为 3.89%，对就业的贡献率为 4.36%，到 2020 年，新加坡旅游业对国内生产总值的直接贡献率为 4.04%，对就业的贡献率为 4.63%②，总体上呈现上升趋势。新加坡每年接待的游客数量在亚洲仅次于中国，"小国家、大旅游"，新加坡通过后天努力弥补了先天的资源劣势，实现了高效集中的旅游发展。

3.2.6　文莱国际旅游发展现状

为了摆脱对天然气和石油的过度依赖，近年来文莱转换发展战略，制订了一系列发展政策和计划，同时调整其产业结构，借助其天然的海滨优势，丰富的海洋旅游资源，大力发展旅游业。2008 年 1 月，文莱政府宣布启动

---

① 菲律宾国际旅游和入境人数［EB/OL］.［2022 - 12 - 19］. https：//data. worldbank. org. cn/indicator/ST. INT. ARVL.

② 新加坡国际旅游收入［EB/OL］.［2022 - 12 - 15］https：//data. worldbank. org. cn/indicator/ST. INT. RCPT. XP. ZS? locations = SG.

"文莱2035宏愿",计划拨出95亿文元,大力发展旅游业,改善交通和通信基础设施,实现经济持续发展。2018年,文莱旅游业对国内生产总值的直接贡献率为1.26%,对就业的直接贡献率为2.44%。2019年疫情发生之前,文莱入境旅客达到33.32万人次①,旅游业成为其除石油天然气之外的另一个支柱性产业。

3.2.7 越南国际旅游发展现状

在全球化的大背景下,越南大力发展自身经济,刺激投资与消费,提高科技水平,扩大旅游业。近10年来,越南已成为东盟十国中经济增长最快的国家。越南的旅游业在经历了起步时期以及快速发展期之后,现在已进入国际融合期,2007年至今,越南旅游业发展迈出了国际化的脚步,彰显了越南作为东南亚重要旅游服务贸易国的巨大实力。根据越南旅游总局对越南国家的统计数据,2007~2018年越南的旅游服务贸易和游客量都是处在不断上升的良好发展状态,而且每年的增长率都在稳步上升。而到了2019年之后,由于新冠疫情的影响,这些数值都呈现出下滑的趋势。但是总体而言,由于政策的支持,近几年越南多次举办旅游推介会和国际展览会,目前旅游服务业还维持着一定的规模。

3.2.8 老挝国际旅游发展现状

自1991年以来,旅游业逐渐成为老挝经济发展的新兴产业。老挝旅游资源丰富,拥有被列入世界文化遗产名录的琅勃拉邦市和巴色瓦普寺,万象塔銮、玉佛寺、占巴塞孔埠瀑布等也是老挝著名景点。近年来,老挝抓住全球旅游业发展的机遇,开放了15个国际旅游口岸,加大旅游基础设施投入,采取降低签证费、放宽边境旅游手续等措施,以保障旅游业持续发展。同时积极举办老挝旅游年活动,组织具有老挝民族特色的文化活动,增强老挝文

---

① 文莱国际旅游和入境人数［EB/OL］.［2022-12-13］. https：//data. worldbank. org. cn/indi-cator/ST. INT. ARVL? locations = BN.

化对国外游客的吸引力。2010 年老挝入境游客为 250.13 万人次,2015 年该人数达到了 460 万人次,2016~2017 年旅游消费疲软,入境游客逐年递减,降幅达到 8% 左右,但其总的入境人次仍然高达 400 万人次。2018 年,在"老挝旅游年"的推动下,老挝入境旅游业出现回暖,入境人数达到 447 万人次,2019 年老挝入境旅客总数达到 410 万人次,旅游业收入 93.47 亿美元①。总体来说,老挝旅游业发展态势良好,前景广阔。

3.2.9　缅甸国际旅游发展现状

游客数量的多少,除了受到旅游吸引物的影响外,还取决于旅游设施的完善程度。作为新兴旅游市场,缅甸虽然自然风景优美,但长期以来受其政治环境、基础设施等方面的影响,旅游业的发展远远落后于周边邻国。2016 年以来,缅甸政府非常重视发展旅游硬件设施,尤其是旅行社和酒店的建设工作,几年时间,缅甸酒店和房间数分别增加了 39% 和 42%,旅行社的数量也增长了 30%②,基本能够满足当前旅游市场的需求,对缅甸旅游业的良性发展起到了促进作用。

3.2.10　柬埔寨国际旅游发展现状

2000 年开始,柬埔寨政府实施多元化的旅游发展政策,大力推进"开放天空"政策,发展国际旅游航线。2001 年共接待游客 60 万人次,比上年增长 30%,创汇 2.42 亿美元。2002 年,柬埔寨在修复古迹、开发新景点和改善旅游环境方面投入大量资金。2012 年,柬埔寨入境旅客总数达 358 万人次,同比增长 24.4%,2018 年柬埔寨接待的入境旅客总数达到 620 万人次。柬埔寨旅游部的数据显示,2019 年柬埔寨共接待外国游客 661 万人次,对国

---

① 老挝国际旅游收入 [EB/OL]. [2022 – 12 – 13]. https://data. worldbank. org. cn/indicator/ST. INT. RCPT. CD.

② 缅甸酒店、别墅、餐厅和娱乐场所数量 [EB/OL]. [2022 – 12 – 11] https://laosis. lsb. gov. la/tblInfo/TblInfoList. do? rootId = 2101000&menuId = 2101101&lang = lo&keyword = &searchType = undefined.

内生产总值贡献率为14.44%，对就业的直接贡献率为15.32%。①

3.2.11　日本国际旅游发展现状

2003年日本提出"观光立国"政策，2012年将推动经济复苏当作首要任务，振兴旅游产业成为其刺激经济的重要举措之一。2014年访日的外国游客人数同比增加了30%，2015年上半年外国游客在日本旅游和消费总额达1.6万亿日元。世界经济论坛《2019年旅游业竞争力报告》显示，日本旅游竞争力排名全球第4，是前10名中唯一上榜的亚洲国家，旅游业对日本GDP的贡献率在2.8%②左右。

3.2.12　韩国国际旅游发展现状

韩国拥有优美的自然风光以及灿烂的历史文化，济州、庆州、首都首尔都是有名的旅游胜地。从20世纪60年代开始，韩国便大力发展其旅游业，旅游产业初具规模。韩国政府抓住1988年汉城奥运会的时机，大力发展国际旅游业，提高了旅游产业的国际竞争力，后由于国内政局动荡以及世界经济衰退的影响，国际旅游业发展迟缓。在2008年国际金融危机背景下，利用"韩流"效应，抓住汇率下跌契机，韩国大力发展国际旅游业，赚取大量外汇，旅游业逆势上扬，成为其支柱性产业。2014年，韩国旅游收入达到147.82亿美元，2020年受新冠疫情影响，韩国旅游业整体收入损失达14.1万亿韩元③，遭受了前所未有的打击。

---

① 柬埔寨国际旅游入境人数［EB/OL］.［2022 - 12 - 14］https：//data. worldbank. org. cn/indicator/ST. INT. ARVL？locations = KH.

② 日本国际旅游收入（占总出口的百分比）［EB/OL］.［2022 - 12 - 15］https：//data. worldbank. org. cn/indicator/ST. INT. RCPT. XP. ZS？locations = JP.

③ 韩国国际旅游收入（现价美元）［EB/OL］.［2022 - 12 - 16］. https：//data. worldbank. org. cn/indicator/ST. INT. RCPT. CD？locations = KR.

3.2.13　澳大利亚国际旅游发展现状

澳大利亚是一个高度发达的资本主义国家，同时也是南半球经济最发达的国家、全球第四大农产品出口国，是多种矿产出口量全球第一的国家，被称为"坐在矿车上的国家"。1970 年以来，澳大利亚为摆脱对矿产资源的依赖、实现环境的可持续发展，开始调整经济结构，从第一、第二产业逐渐向第三产业倾斜。近年来，旅游业和服务业占国内生产总值的比重逐渐增加，目前已达到 70% 左右。

蔚蓝的天空、金色的沙滩、灿烂的阳光和绿色的原野以及独有的珍禽异兽每年都吸引了大批的海外观光客。得益于国内丰富的旅游资源，旅游业成为澳大利亚国民经济重要组成部分之一，数据显示，2018 年，澳大利亚旅游业市场规模约为 610.7 亿澳元，约占全国生产总值的 3.2%，旅游业从业人员数量约为 66.3 万人，约占澳大利亚劳动人口总数的 5.3%，境外游客数量约为 927.4 万人次，同比增长约 10.1%[1]；2019 年，受新冠疫情以及澳大利亚特大山火的影响，澳大利亚境外游客数量迅速下降，旅游业遭到了巨大打击，2019 年 7 月 ～ 2020 年 6 月，澳大利亚接待的海外游客数量同比暴跌 27.9%，跌至近 6 年来的新低，虽然后期有小幅度的回升，但是澳大利亚旅游业的发展仍然面临着巨大挑战。

3.2.14　新西兰国际旅游发展现状

独特的地理位置和得天独厚的环境是新西兰最大的优势，每年吸引超过 250 万海外游客到访，国内外游客每年为新西兰经济贡献超过 200 亿新西兰元。旅游业是新西兰第二大产业，产值占 GDP 的 8.5%，且上升势头明显。新西兰全国超过 15 万人从事与旅游直接或间接相关的行业，每 12 个有工作的人中，就有约 1 人从事与旅游相关的工作。旅游业在新西兰国民经济中占

---

① 澳大利亚国际旅游，收入（占总出口的百分比）[EB/OL].［2022 - 12 - 16］. https：//data. worldbank. org. cn/indicator/ST. INT. RCPT. XP. ZS? locations = AU.

据重要地位，2016 年为新西兰 GDP 贡献了 129 亿新西兰元；2018 年，旅游业直接收入和间接收入分别为 163 亿新西兰元和 112 亿新西兰元，其中海外游客消费总额达到 178 亿新西兰元。2019 年，疫情暴发给新西兰造成了巨大的打击，旅游业收入较上一年同比下降 37.3%，国际游客消费额下降了 91.5%。[①]

3.3　中国国际旅游发展现状

3.3.1　中国国际旅游规模

根据商务部旅游服务贸易数据分析（见表 3.1），发现旅游服务贸易进出口额在 2012 ~ 2016 年稳定增长，2017 ~ 2019 年的增幅变动不大，而 2020 年由于疫情的影响导致服务贸易进出口额负增长。其中旅游服务贸易进口额也呈现一致表现，2014 年增幅最大，达到 73%，2018 年的进口额达到最大，为 18 320 亿元，占进出口总额的 87.5%。[②] 相比旅游服务贸易进口额，出口额在这九年间的增幅不大，且多年出现负增长，除 2020 年外，2014 年降幅最大，为 20%。可见旅游服务贸易出口额并未随着进口的增加而同步上升，因此 2012 ~ 2020 年旅游服务贸易一直为贸易逆差，并且差额在 2012 ~ 2018 年稳步增长，严重影响我国旅游服务贸易甚至服务贸易的整体发展。以上分析表明，在国民经济水平提升、旅游需求提升的同时，国内并未提供相应的旅游供给来吸引国内和国外游客，导致旅游服务贸易进口和出口差异扩大。

---

① 新西兰国际旅游收入（现价美元）［EB/OL］.［2022 - 12 - 13］. https：//data. world-bank. org. cn/indicator/ST. INT. RCPT. CD？ locations = NZ.

② 国家统计局. 中国统计年鉴（2013 - 2021）［M/OL］. 北京：中国统计出版社.［2022 - 12 - 13］. http：//www. stats. gov. cn/sj/ndsj/.

表 3.1　　　　　　　　　　　　2012～2020 年中国旅游服务贸易数据

年份	进出口		进口		出口		贸易差额（亿元）
	金额（亿元）	增长率（%）	金额（亿元）	增长率（%）	金额（亿元）	增长率（%）	
2012	9 576	—	6 425	—	3 152	—	− 3 273
2013	11 337	18	8 087	26	3 250	3	− 4 837
2014	16 671	47	13 965	73	2 706	− 20	− 11 259
2015	18 361	10	15 560	11	2 801	3	− 12 759
2016	20 296	11	17 345	11	2 951	5	− 14 394
2017	19 826	− 2	17 210	− 1	2 615	− 13	− 14 595
2018	20 931	6	18 320	6	2 611	0	− 15 708
2019	19 703	− 6	17 322	− 5	2 381	− 10	− 14 942
2020	10 193	− 48	9 052	− 48	1 141	− 109	− 7 910

资料来源：中华人民共和国商务部。

3.3.2　中国接待入境游客规模

旅游服务贸易所服务的对象为中国境外的来访游客，即入境游客。从国家统计局的官方数据来看（见图 3.1），中国入境旅游人数在 2003 年、2008 年和 2009 年出现明显的下降，这是由于 SARS 病毒、金融危机和 H1N1 流感病毒等事件的影响，可见突发事件对入境旅游的波动影响极大。而在这些事件后，入境旅游人数都有上升趋势，如 2004 年就相比 2003 年增长了 48%，到 2007 年都呈现持续增长。2011～2015 年入境旅游人数基本保持平稳，增幅不大。尽管后几年的规模逐渐增加，2019 年入境旅游人数达到最高，为 3 188.24 万人次，但是入境旅游人数并未随着国家综合实力的提升有明显的增加，这有可能是中国入境旅游的增长空间有限，但也有可能忽略了对入境旅游人数规模的提升，未充分挖掘入境旅游规模潜力。[①]

---

① 中国国际旅游入境人数［EB/OL］.［2022 - 12 - 13］. https：//data. worldbank. org. cn/indicator/ST. INT. ARVL？ locations = CN.

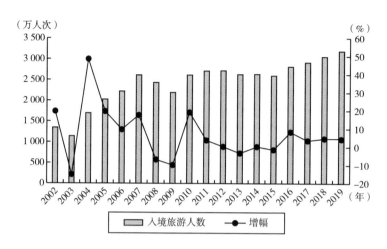

图 3.1　2002~2019 年中国入境旅游人数变化情况

中国入境游客不仅包含了到中国境内观光、度假、探亲访友、就医疗养、购物、参加会议或从事经济、文化、体育、宗教活动的外国人，还有港澳台地区游客，因此尽管入境旅游人数总量较高，但港澳台地区的游客占了很大一部分比例，2019 年占到了总入境旅游人数的 69.8%①。在剔除港澳台游客的中国入境旅游人数中，按地区来看 2019 年中国入境旅游人数，发现各地区来访游客分布不均衡，主要以东亚地区为主，欧洲、北美洲、大洋洲为辅。

从具体的国家来看，缅甸到中国的旅游人数最多，占到了中国入境游客中外国游客的 25.3%；越南次之，为 16.2%。其余主要入境旅游客源国，如韩国、俄罗斯、日本、美国和蒙古国等的占比都不到 10%，具体情况见表 3.2。②可见各国到中国的旅游游客规模差异大，主要到访的游客也多是近距离国家，如缅甸、越南、韩国和日本等。并且旅游主要客源国中，多数与中国一起签订了 RCEP，因此以 RCEP 成员方为研究对象来研究中国旅游服务贸易出口的潜力和影响因素有一定的代表性，从而以点到面，为对全球旅游服务

　　① 国际旅游，入境人数 – Hong kong SAR, china［EB/OL］.［2022 – 12 – 14］https：//data. worldbank. org. cn/indicator/ST. INT. ARVL？locations = HK.

　　② 中国文化和旅游统计年鉴编辑委员会. 中国文化和旅游统计年鉴 2020［M］. 北京：中国旅游出版社，2020.

出口的研究奠定基础。

表 3.2　　2019 年中国入境旅游人数排名情况（按国家/地区分类）

国家/地区	2019 年入境旅游人数	占比（%）	排名	国家/地区	2019 年入境旅游人数	占比（%）	排名
总计	49 113 580	100	—	总计	49 113 580	100	—
缅甸	12 421 753	25.3	1	泰国	870 526	1.8	11
越南	7 948 664	16.2	2	印度	869 570	1.8	12
韩国	4 346 567	8.9	3	加拿大	776 328	1.6	13
俄罗斯	2 722 571	5.5	4	澳大利亚	734 511	1.5	14
日本	2 676 334	5.4	5	印度尼西亚	724 784	1.5	15
美国	2 406 657	4.9	6	德国	622 198	1.3	16
蒙古国	1 862 278	3.8	7	英国	612 213	1.2	17
马来西亚	1 383 502	2.8	8	朝鲜	555 028	1.1	18
菲律宾	1 177 668	2.4	9	法国	490 963	1.0	19
新加坡	1 008 545	2.1	10	其他	4 902 920	10.0	—

3.3.3　中国国际旅游外汇收入情况

国际旅游外汇收入是入境旅游者在中国境内旅行、游览过程中用于交通、参观游览、住宿、餐饮、购物、娱乐等的全部花费。伴随着入境游客规模的增加，中国国际旅游外汇收入也有对应的增长。根据国家统计局数据分析，发现除 2003 年、2008 年和 2009 年出现过负增长外，其余年份的国际旅游外汇收入都是增长的。2014 年相比 2013 年的增速最高，为 104%，2014 年后持续增长，2019 年的旅游外汇收入最高为 1 312.54 亿美元，在整体趋势下，若无突发事件的发生，国际旅游外汇收入有持续增长的可能。2002 ～ 2019 年中国国际旅游外汇收入情况见图 3.2。[①]

---

① 国家统计局. 中国统计年鉴（2003 - 2020）[M/OL]. 北京：中国统计出版社. [2022 - 12 - 14]. http://www.stats.gov.cn/sj/ndsj/.

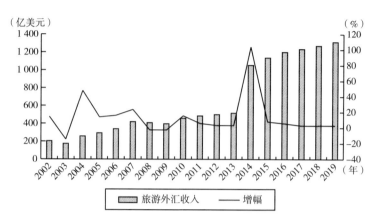

图 3.2　2002～2019 年中国国际旅游外汇收入情况

国际旅游包含了游购娱吃住行等一系列服务活动，在国际旅游外汇收入的构成上也包含了多个类目，近年来中国国际旅游收入的具体构成情况见表 3.3。①

表 3.3　　　　　　　2010～2019 年中国国际旅游收入构成情况　　　　　　单位：亿美元

项目	2010 年	2011 年	2012 年	2013 年	2014 年	2015 年	2016 年	2017 年	2018 年	2019 年
长途交通	130.91	151.17	172.78	174.57	195.95	448.5	446.5	449.46	366.31	401.91
民航	98.08	114.7	131.64	134.1	145.79	294.8	290.6	304.87	333.53	369.02
铁路	12.47	14.06	16.46	16	20.9	43.2	53.2	49.52	13.52	14.1
汽车	10.81	14.06	15.54	13.65	15.68	32.5	31.6	29.43	13.72	15.93
轮船	9.56	8.35	9.14	10.82	13.59	78	71	65.65	5.54	2.85
游览	21.07	25.32	25.55	30.92	32.54	44.8	67.1	65.04	53.71	58.66
住宿	51.95	50.98	52.11	59.76	69.5	132.9	116.3	122.08	181.09	200.49
餐饮	41.15	35.98	37.47	41.28	48.28	82.6	96.2	103.07	142.55	160.41
商品销售	115.9	118.56	111.54	111.82	113.28	209	209.5	229.95	327.61	302.97
娱乐	31.72	34.66	36.13	35.91	36.74	53.9	77.1	74.16	45.82	44.21
邮电	10.68	10.36	7.91	7.92	11.04	23.9	28.9	27.57	11.62	7.47

---

① 国家统计局. 中国统计年鉴（2011－2020）［M/OL］. 北京：中国统计出版社.［2022－12－14］. http：//www.stats.gov.cn/sj/ndsj/.

续表

项目	2010 年	2011 年	2012 年	2013 年	2014 年	2015 年	2016 年	2017 年	2018 年	2019 年
国内交通	14.6	16.19	16.1	14.44	16.04	22.4	40.4	39.2	27.76	34.53
其他	40.15	41.41	40.68	40.01	45.77	118.6	118	123.64	114.54	101.89
总计	458.14	484.64	500.28	516.64	1 053.8	1 136.5	1 200	1 234.17	1 271.03	1 312.54

从表 3.3 中可以看出，长途交通收入长期以来占中国国际旅游外汇收入的 30%左右，这主要是由于旅游路程的特殊性造成入境旅游在旅游时需要搭乘不同的交通工具到达旅游地，因此在这部分的消费较高。由于国家之间连接交通的不同和交通工具的便捷性不同，航空成为多数游客的选择，因此在民航上的外汇收入是长途交通收入的主要部分。其次国际旅游外汇收入来源于商品销售、住宿和餐饮，这是因为入境游客在旅游过程中少不了对旅游纪念品、当地特产等商品的购买需求，同时住宿和餐饮作为游客必不可少的需求，因此也是旅游中必不可少的消费项目。由此发现，国际旅游尽管是以旅游为目的的活动，但是消费支出却主要在其他相关的服务产业上。另外，中国国际旅游在其他交通工具、游览、娱乐、邮电等项目上的外汇收入较少，反映这些方面的发展相对有所不足。

为构建国际旅游市场，满足入境游客多样性并且变化的需求，长期来看，中国国际旅游外汇收入不能仅仅依靠民航运输、住宿、餐饮和商品销售这几个项目，也有必要注重游览、娱乐、邮电和国内交通等项目的收入，推动旅游业和相关支撑产业的同步发展，提升在游览、娱乐等方面的高质量供给，从而增加入境游客在这些项目上的游玩时间，同时刺激入境游客消费。

第 4 章

中国与 RCEP 成员方货物贸易现状
与潜力基础

4.1　中国国际贸易发展现状

　　自中国 2001 年 12 月 11 日加入世界贸易组织以来，中国的货物进出口贸易实现了飞跃式的发展。2001 年中国的货物进出口额为 5 096.51 亿美元（见图 4.1），到 2021 年已经增长至 60 502.95 亿美元，增长幅度高达 10.87 倍，贸易顺差额也由 241.09 亿美元增长到 6 767.09 亿美元，20 年间贸易顺差扩大 27 倍，贸易顺差额在总进出口规模中的占比由 4.42% 提高到 11.18%，中国贸易总量和顺差规模都已成为世界第一，贸易总额占全球约 27%①。

　　在加入世界贸易组织的 20 年间，中国在 2009 年、2015~2016 年由于受 2008 年全球金融危机以及后期持续的外需低迷影响，出现了进出口双向负增长，2019 年受中美贸易摩擦叠加疫情初期影响也出现了进出口小幅的负增长现象。即便如此，中国的进出口表现也依然优于同期全球其他经济体，中国在面对复杂国际外部环境变化时均能及时调整对外贸易政策和结构，对外贸易整体抗风险能力较强且发展势头依然强劲。

---

　　① 中国商务部货物进出口年度统计［EB/OL］.［2022 - 12 - 20］. http://data. mofcom. gov. cn/hwmy/imexyear. shtml.

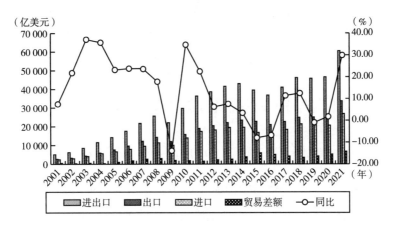

图 4.1 中国货物贸易进出口情况（2001～2021 年）

4.2 中国与 RCEP 成员方贸易概况

4.2.1 中国与 RCEP 成员方贸易协议进程

2002 年 11 月 4 日中国与东盟签署双边自由贸易区框架协议，这是中国与其他国家或地区建立的第一个自由贸易区，同时也是当时世界上人口数量最大的自由贸易区。2005 年 4 月中澳两国启动《中澳自贸协定》的谈判，于 2015 年 6 月 17 日正式签署，2015 年 12 月 20 日正式生效。2008 年 4 月 7 日，中新两国政府签署《中国—新西兰自贸区协定》。2012 年 5 月中国与韩国启动中韩自贸区谈判，这是当时中国对外商谈的覆盖领域最广、涉及国别贸易额最大的自贸区，《中韩自贸协定》于 2015 年 12 月 20 日正式生效。在此前，中国与日本从未建立过双边自由贸易关系。

2012 年 11 月，东盟率先发起 RCEP 谈判，于 2020 年 11 月 15 日正式签署，2022 年 1 月 1 日正式生效，新冠疫情这一"黑天鹅"事件的出现在一定程度上加快了 RCEP 协议的落地生效。中国与 RCEP 成员方——东盟、韩国、日本、澳大利亚、新西兰所组成的区域全面经济伙伴关系，涵盖了除印度之外的整个东亚及大洋洲的广袤市场。RCEP是在中国与东盟、韩国、澳大利亚、新西兰原有的双边自贸关系基础上进一步提质增效，深化了双边合作。同时，随着 RCEP 的生效，也标志着中国与日本首次达成双边自贸关系。

4.2.2　中国与 RCEP 成员方贸易现状

4.2.2.1　RCEP 成员方已成为中国最重要的贸易对象之一

自 2018 年 3 月中美贸易摩擦发生以来，中国的对外自由贸易活动受到了前所未有的挑战和冲击。针对所面临的严峻的国际贸易形势，中国急需调整对外贸易结构，通过扩展其他区域市场来摆脱对美国的贸易依赖。2018 ~ 2019 年中美进出口贸易额由 6 335.19 亿美元下跌至 5 413.80 亿美元，跌幅达 14.54%。同年，中国与 RCEP 成员方进出口贸易额由 13 986.12 亿美元增长到 14 290.06 亿美元，增长了 303.94 亿美元，其中与东盟贸易增量 535.94 亿美元（见表 4.1），增幅达 9.1%[①]。

2016 ~ 2019 年，中国与 RCEP 成员方的进出口贸易总额稳步占据中国进出口总额的约 30%，2020 年受疫情冲击占比下滑至 26.23%，至 2022 年已逐渐回升至占比 30%（见表 4.2），RCEP 将有助于中国国际贸易摆脱贸易摩擦的困局，实现新的突破和增量发展[②]。

表 4.1　　中国与重要贸易伙伴货物进出口贸易概况（2017 ~ 2022）　单位：亿美元

国家或地区	2017 年	2018 年	2019 年	2020 年	2021 年	2022 年 1 ~ 8 月
美国	5 836.97	6 335.19	5 413.80	5 867.21	7 556.45	5 149.59
欧盟	6 169.16	6 821.64	7 052.96	6 495.29	8 281.12	5 752.23
东盟	5 148.17	5 878.72	6 414.66	6 845.90	7 218.74	6 275.79
澳大利亚	1 362.61	1 527.90	1 696.36	1 683.20	2 312.12	1 480.15
新西兰	144.78	168.58	182.94	181.20	247.14	173.08

---

①②　中华人民共和国海关总署统计月报 [EB/OL].［2022 - 12 - 22］. http：//www. cus- toms. gov. cn/customs/302249/zfxxgk/2799825/302274/302277/4899681/index. html.

续表

国家或地区	2017 年	2018 年	2019 年	2020 年	2021 年	2022 年 1~8 月
韩国	2 802.60	3 134.28	2 845.76	1 688.70	3 623.51	2 454.77
日本	3 029.77	3 276.63	3 150.33	1 812.90	3 714.02	2 389.85
RCEP 小计	12 487.92	13 986.12	14 290.06	12 211.90	17 115.54	12 773.64

表 4.2　　　　中国与重要贸易伙伴货物进出口贸易概况（2016~2022）　单位：亿美元

进出口额	2016 年	2017 年	2018 年	2019 年	2020 年	2021 年	2022 年 1~8 月
总量	36 855.57	41 071.38	46 224.44	45 778.91	46 559.13	60 502.95	41 914.16
RCEP 成员方	10 994.25	12 487.92	13 986.12	14 290.06	12 211.90	17 115.54	12 773.64
占比（%）	29.83	30.41	30.26	31.22	26.23	28.29	30.48

　　根据中国海关总署最新数据，2022 年 1~8 月我国货物进出口总额达
41 914.16亿美元，其中进口 18 154.45 亿美元，出口 23 759.70 亿美元，贸
易顺差 5 605.25 亿美元。其中，我国与东盟的货物进出口总额达 6 275.79 亿
美元，与欧盟为 5 752.23 亿美元，与美国为 5 149.59 亿美元（见图 4.2)①。
我国与东盟的进出口贸易额逐年稳步增长，继 2020 年东盟再次超越欧盟和
美国成为中国第一大贸易伙伴。

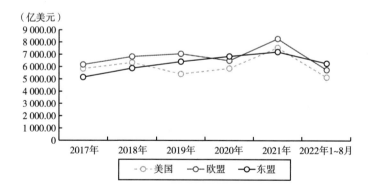

图 4.2　中国与前三大贸易伙伴双边贸易概况（2017~2022）

---

　　① 中华人民共和国海关总署统计月报［EB/OL］．［2022－12－22］．http：//www. customs. gov.
cn/customs/302249/zfxxgk/2799825/302274/302277/4899681/index. html.

4.2.2.2 东盟成中国 RCEP 贸易顺差主要来源

根据中国海关总署最近一期中国与 RCEP 成员方的进出口数据，2022 年 1～8 月中国与 RCEP 成员方进出口交易总额为 12 773.64 亿美元，进口交易额为 6 335.72 亿美元，出口交易额为 6 437.92 亿美元，贸易顺差 102.2 亿美元。[①] 前三大 RCEP 贸易伙伴国分别为韩国、日本、越南，合计进出口总额占比高达 49.66%。贸易顺差贡献最大的国家为越南、菲律宾、新加坡，合计贸易顺差额为 905.74 亿美元（见表 4.3），中国与东盟的贸易顺差很好地弥补了与其他发达国家的贸易逆差。

表 4.3　　2022 年 1～8 月中国与 RCEP 成员方货物进出口贸易概况

国家或地区	进出口总额（亿美元）	中国进口额（亿美元）	中国出口额（亿美元）	贸易顺差（亿美元）	占比（%）
韩国	2 454.77	1 363.90	1 090.87	−273.04	19.22
日本	2 389.85	1 247.05	1 142.81	−104.24	18.71
越南	1 497.93	538.55	959.37	420.82	11.73
澳大利亚	1 480.15	977.69	502.46	−475.22	11.59
马来西亚	1 312.07	712.85	599.22	−113.63	10.27
印度尼西亚	956.96	484.14	472.82	−11.32	7.49
泰国	911.60	392.38	519.22	126.84	7.14
新加坡	699.87	237.30	462.56	225.26	5.48
菲律宾	577.46	158.90	418.56	259.66	4.52
新西兰	173.08	112.06	61.02	−51.03	1.35
缅甸	154.20	61.33	92.86	31.53	1.21
柬埔寨	108.23	12.39	95.84	83.45	0.85
老挝	37.01	21.59	15.42	−6.17	0.29
文莱	20.48	15.59	4.88	−10.71	0.16
RCEP 合计	12 773.64	6 335.72	6 437.92	102.20	—

① 中华人民共和国海关总署统计月报［EB/OL］.［2022－12－22］. http：//www. customs. gov. cn/customs/302249/zfxxgk/2799825/302274/302277/4899681/index. html.

4.2.2.3　中国与 RCEP 成员方贸易货物结构性单一，集中度过大

根据海关总署对进出口贸易货物的分类，中国与 RCEP 成员方的进出口货物共涉及 22 个类别、98 个章目，根据 RCEP 各成员方与我国进出口商品交易规模整理各国主要交易商品类目如表 4.4 所示。①

表 4.4　　　　　　　　中国与 RCEP 成员方进出口商品明细

国别	出口中国主要商品	进口中国主要商品
韩国	第 16 类 机电、音像设备及其零件、附件 第 6 类 化学工业及其相关工业的产品	第 16 类 机电、音像设备及其零件、附件 第 15 类 贱金属及其制品
日本	第 16 类 机电、音像设备及其零件、附件 第 6 类 化学工业及其相关工业的产品	第 16 类 机电、音像设备及其零件、附件 第 11 类 纺织原料及纺织制品
越南	第 16 类 机电、音像设备及其零件、附件 第 22 类 特殊交易品及未分类商品	第 16 类 机电、音像设备及其零件、附件 第 11 类 纺织原料及纺织制品
澳大利亚	第 5 类 矿产品 第 14 类 珠宝、贵金属及制品；仿首饰；硬币	第 16 类 机电、音像设备及其零件、附件 第 20 类 杂项制品
马来西亚	第 16 类 机电、音像设备及其零件、附件 第 5 类 矿产品	第 16 类 机电、音像设备及其零件、附件 第 15 类 贱金属及其制品
印度尼西亚	第 5 类 矿产品 第 15 类 贱金属及其制品	第 16 类 机电、音像设备及其零件、附件 第 15 类 贱金属及其制品
泰国	第 16 类 机电、音像设备及其零件、附件 第 2 类 植物产品	第 16 类 机电、音像设备及其零件、附件 第 15 类 贱金属及其制品
新加坡	第 16 类 机电、音像设备及其零件、附件 第 6 类 化学工业及其相关工业的产品	第 16 类 机电、音像设备及其零件、附件 第 5 类 矿产品
菲律宾	第 16 类 机电、音像设备及其零件、附件 第 5 类 矿产品	第 16 类 机电、音像设备及其零件、附件 第 15 类 贱金属及其制品
新西兰	第 1 类 活动物；动物产品 第 9 类 木及制品；木炭；软木；编结品	第 16 类 机电、音像设备及其零件、附件 第 20 类 杂项制品
缅甸	第 5 类 矿产品 第 14 类 珠宝、贵金属及制品；仿首饰；硬币	第 11 类 纺织原料及纺织制品 第 16 类 机电、音像设备及其零件、附件

① 中华人民共和国海关总署统计月报［EB/OL］.［2022 - 12 - 22］. http：//www. customs. gov. cn/customs/302249/zfxxgk/2799825/302274/302277/4899681/index. html.

国别	出口中国主要商品	进口中国主要商品
柬埔寨	第2类 植物产品 第1类 活动物；动物产品	第11类 纺织原料及纺织制品 第17类 车辆、航空器、船舶及运输设备
老挝	第2类 植物产品	第11类 纺织原料及纺织制品 第17类 车辆、航空器、船舶及运输设备
文莱	第5类 矿产品	第6类 化学工业及其相关工业的产品 第16类 机电、音像设备及其零件、附件

由于各国的资源禀赋各不相同，高端制造业相对发达的韩国、日本及手工业相对发达的越南与我国的进出口交易产品主要集中在机械设备、化工、纺织方面。澳大利亚、印度尼西亚、缅甸、文莱等资源出口型国家为我国重要矿石能源及珠宝、其他金属制品进口来源国。新西兰、柬埔寨、老挝等依赖畜牧业、农业、渔业发展的国家主要向我国出口各类农、渔产品。

中国对 RCEP 成员方贸易额最大的出口货物类目为第 16 类——机电、音像设备及其零件、附件，出口额为 3 377.72 亿美元①，其出口对象主要为日本、韩国、越南；最大的进口货物类目也为第 16 类——机电、音像设备及其零件、附件，进口额为 4 047.09 亿美元，其进口对象主要为韩国、日本、越南，该项商品进出口额占所有商品进出口总额的 86%（见表 4.5）。日本、韩国发达的电子、娱乐文化产业及越南逐渐增强的代加工能力造就了此类商品的高出口及高进口贸易额，但就产业集中度来讲，中国与 RCEP 成员方贸易产品相对单一，集中度过大。

表 4.5　　2021 年中国与 RCEP 成员方进出口总额前 6 大类目商品

类目	出口额（亿美元）	进口额（亿美元）	进出口总额（亿美元）	占比（%）
第16类 机电、音像设备及其零件、附件	3 377.72	4 047.09	7 424.81	86
第5类 矿产品	246.24	2 131.22	2 377.45	28

① 中华人民共和国海关总署统计月报［EB/OL］.［2022-12-22］. http：//www. customs. gov. cn/customs/302249/zfxxgk/2799825/302274/302277/4899681/index. html.

类目	出口额 （亿美元）	进口额 （亿美元）	进出口总额 （亿美元）	占比（%）
第 15 类 贱金属及其制品	870.20	632.39	1 502.59	17
第 6 类 化学工业及其相关工业的产品	630.69	698.87	1 329.56	15
第 7 类 塑料及其制品；橡胶及其制品	445.90	513.27	959.17	11
第 11 类 纺织原料及纺织制品	814.11	133.98	948.08	11

除此之外，我国虽然矿产资源丰富，但大多为含铁量较低的贫铁矿，贫铁矿冶炼过程中的渣量很大，需要消耗大量的燃料，生产效率较低。我国作为工业大国，对铁的需求量巨大，对铁矿石的进口依赖程度较高，进口矿石中基本为铁矿石。第五类——矿产品进口额为 2 131.22 亿美元，出口额仅为 246.24 亿美元[①]。矿产品主要进口国为澳大利亚、马来西亚、印度尼西亚、缅甸，其中从澳大利亚进口的矿产品量就占总量的 64.45%，对该进口来源国依赖度高。

4.3　中国与 RCEP 成员方贸易潜力基础

关于贸易潜力的界定，卡利拉扬（Kalirajan，1999）将贸易潜力定义为：在一定条件下，确定此时贸易的各种影响因素的条件，基于贸易对象以最低限度束缚贸易发展的假设，贸易量所能实现的最大可能值。贸易双方的宏观环境是贸易发展的基础，有序的国际贸易活动离不开贸易双方良好的内外部环境，对内要做到政治经济稳定，对外要保证国家安全。

---

① 中华人民共和国海关总署统计月报［EB/OL］. ［2022 - 12 - 22］. http：//www. customs. gov. cn/customs/302249/zfxxgk/2799825/302274/302277/4899681/index. html.

4.3.1 RCEP 成员方作为全球经济的重要组成部分，增量潜力巨大

2021 年世界平均人均 GDP 为 1.23 万美元[①]，目前 2/3 的 RCEP 成员方暂未达到世界平均水平，如中国、越南、马来西亚、印度尼西亚、泰国、菲律宾、缅甸、柬埔寨、老挝、文莱，除缅甸和文莱外其他国家 GDP 均保持正增长，未来发展空间巨大。RCEP 成员方人口合计为 22.745 亿人，占全球总人口的 28.88%，经济体量也占到全球总量的 30%[②]，其中人均 GDP 超过 1 万美元的国家人口约 16.6 亿人，消费潜力巨大。

4.3.2 RCEP 成员方政治经济环境整体稳定，韩国及东盟未来贸易增量潜力巨大

根据大公国际资信评估有限公司 2022 年 2 月权威发布的大公国家主权信用评级，RCEP 成员方国家主权信用评级如表 4.6 所示。[③]

表 4.6　　　　　　　　RCEP 成员方主权信用评级一览表

国别	本币主权信用评级	评级展望	正面概述	负面概述	预计 2022 年 GDP 增速（%）
澳大利亚	AAA	负面	良好的融资能力、澳币汇兑能力	高通胀，私人债务及房价高企，政府债务负担增加	4.2
日本	A–	负面	偿债环境整体稳定	结构性问题抑制中长期经济发展动能	2.2

---

①② CEIC 全球数据库国家/地区数据 [EB/OL]. [2022 – 12 – 23]. https：//www. ceicdata. com. cn/zh – hans/countries.

③ 大公国际资信评估有限公司国际评级 – 主权信用评级 [EB/OL]. [2022 – 12 – 22]. https：// www. dagongcredit. com/#/internationalRatings/sovereigntyRating.

国别	本币主权 信用评级	评级 展望	正面概述	负面概述	预计 2022 年 GDP 增速 （％）
韩国	AA －	稳定	国际储备充足，金融体系整体稳健，发达的科技水平和多元化的经济结构对韩国经济发展形成支撑	政权更迭导致政治导向可能发生变化	3
泰国	BBB	稳定	短期内经济将温和复苏，国际储备充足	偿债环境存在不确定性，政府债务大幅攀升	4.5
马来西亚	A ＋	稳定	经济结构良好，外汇储备充裕，经常账户长期盈余	政局变动频繁，私人消费及投资较为低迷	6
印度尼西亚	BBB －	稳定	政局稳定，经济复苏良好，基础设施改善和中产群体扩大助力中长期经济增长，政府债务负担率低	扩张的财政政策可能导致政府偿债来源不足	5.6
越南	BBB	稳定	政局稳定，内需拉动经济增速较快，中长期经济增长潜力大	金融体系脆弱，政府偿债来源承压	未公布
新加坡	AAA	稳定	政局稳定，金融体系稳健，中长期经济增长潜力大	主要贸易国经济增速放缓带来短期内增速放缓	未公布
菲律宾	BB	稳定	政局稳定，消费、投资及基础设施建设拉动经济发展	政府财政赤字增加	未公布
新西兰	AA ＋	稳定	政局稳定，政府偿债来源稳定	中长期经济增长受产业布局影响，在全球价值链嵌入程度低	2.5
柬埔寨	BB	稳定	政局稳定，消费和投资拉动经济增长，国际援助稳定	房地产过热，存在信贷泡沫，外部脆弱性突出制约中长期经济增速	未公布

从表 4.7 我们可以发现，澳大利亚、日本 2021 年 GDP 增速分别为 1.5% 和 1.6%，均属低速发展的发达国家，其经济发展存在结构性问题，经济存量稳定但未来增长潜力较弱；同样作为发达国家的韩国、新加坡则整体经济发展潜力偏大且存量稳定，表 4.3 显示韩国与我国进出口贸易额占我国与 RCEP 成员方进出口贸易额的 19.22%，我国未来与韩国双边贸易潜力依然较大。另外，新加坡、马来西亚、越南、印度尼西亚及泰国属外部依赖型国家，需要深入嵌入全球供应链以发展自身经济，均政局稳定且中长期发展潜力巨大，同样也是我国 RCEP 贸易顺差的主要来源国，东盟也将是未来 RCEP 重要的贸易增长点。

表 4.7　　　　　　　　RCEP 成员方 2021 年宏观数据

国别	GDP 增速（%）	人均 GDP（万美元）	总人口（万）	劳动力人口（万）	劳动力人口占比（%）	失业率（%）	城市化率（%）
中国	8.10	1.05	141 300.00	74 650.00	52.83	5.10	64.72
韩国	4.00	3.48	5 174.50	2 812.48	54.35	3.55	82.50
日本	1.60	3.93	12 600.00	6 872.00	54.53	2.80	92.00
越南	2.60	0.37	9 816.90	5 406.53	55.00	2.14	40.00
澳大利亚	1.50	5.99	2 573.90	1 383.56	53.75	4.82	86.20
马来西亚	3.10	1.14	3 277.60	1 555.66	47.46	3.35	77.20
印度尼西亚	3.69	0.43	27 636.18	13 916.50	50.35	4.41	57.30
泰国	1.60	0.72	6 655.00	3 780.00	56.80	1.64	51.40
新加坡	7.60	7.28	545.40	369.11	67.68	1.69	100.00
菲律宾	5.60	0.35	11 100.00	4 954.54	44.64	6.60	47.70
新西兰	4.60	4.88	512.30	410.45	80.12	3.20	86.70
缅甸	−18.00	0.12	5 480.60	2 295.10	41.88	1.79	31.30
柬埔寨	3.00	0.16	1 600.00	880.50	55.00	2.40	24.20
老挝	2.50	0.26	737.90	385.70	52.27	1.26	36.90
文莱	−1.60	3.17	44.20	23.42	52.98	7.41	未知

4.3.3　RCEP 各成员方互补优势突出，中国在中高端制造业的提升空间较大

如图 4.3①、图 4.4② 所示，2021 年中国与 RCEP 伙伴国的贸易出口品类主要集中在机电、音像设备及其零件附件类和纺织类，这两个行业都属于中低端劳动密集型制造业，特别是纺织类产品出口远大于进口。而在化工、运输设备及精密仪器这类附加值高的产品类别上均进口大于出口，且进口均主要来自发达国家。其中，化工类产品主要从日本、韩国、新加坡进口，车辆等运输设备有 74.6% 来自日本，光学、医疗等精密仪器进口主要来自日本、韩国③。2021 年，中国劳动力人口占总人口的 52.83%，失业率为 5.1%，失业率偏高，可在稳住基础中低端劳动密集型制造业就业的同时，着力发展中

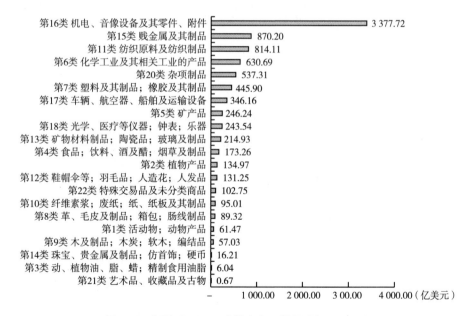

图 4.3　中国对 RCEP 成员方出口类目明细（2021）

①②③　中华人民共和国海关总署统计月报 ［EB/OL］.［2022 - 12 - 22］. http：// www. customs. gov. cn/customs/302249/zfxxgk/2799825/302274/302277/4899681/index. html.

高端制造行业，使自身在 RCEP 成员方贸易中的产品类别多元化，逐渐提高自身在全球产业链中的定位。如表4.7①所示，越南、泰国、印尼、老挝、柬埔寨等国虽人均 GDP 偏低但劳动人口占比均超过50%，基础劳动力供给相对充足，该国初级产品及劳动密集型制造能与 RCEP 其他发达国家经济体形成良好的互补优势，这也与中国向中高端制造业发展的战略相一致。中国逐渐转向高端制造业，在一定程度上与日韩两国形成竞争关系在所难免。

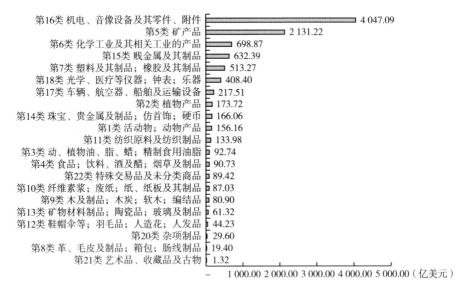

图4.4　中国对 RCEP 成员方进口类目明细（2021 年）

目前，越南、泰国、菲律宾、缅甸、柬埔寨、老挝等国城市化率仍低于2022 年6 月30 日联合国人居署发布的《世界城市发展报告》中2021 年世界平均城市化率56%，未来对城市城镇建设需求较大，中国在基础设施建设方面的突出成就可以有力地补足 RCEP 成员方对于基础设施建设的需求。另外，中国优质矿产资源较为稀缺，澳大利亚、马来西亚、印度尼西亚、缅甸

---

① 中国商务部国别统计 [EB/OL]. [2022 – 12 – 22]. http：//data. mofcom. gov. cn/gbtj/table. shtml；CEIC 全球数据库国家/地区数据.　[EB/OL]. [2022 – 12 – 23]. https：//www. ceicdata. com. cn/zh – hans/countries.

作为资源输出国可降低我国对单一国家的资源依赖程度。

4.3.4　RCEP 成员方港口航运承载力有效支撑贸易供应链稳定

近年来，全球供应链受疫情影响显得尤为脆弱。为确保疫情下对外贸易供应链的稳定，RCEP 成员方均在积极推进航运及物流建设。2022 年 7 月 14 日，韩国韩新海运（HMM）推出一项五年投资 15 万亿韩元（114.6 亿美元）计划用于推动业务规模组合的多样化发展，以成为全球一流的航运和物流公司，到 2026 年将集装箱船的运力从目前的 82 万标箱扩大到 120 万标箱。2022 年 8 月 6 日，日本与柬埔寨双方就日本政府向柬埔寨提供 3.1 亿美元的贷款以支持落实柬埔寨西哈努克港新集装箱码头扩建项目进行签约。新加坡预计在 2040 年将建成每年可处理多达 6 500 万个标准箱的最大自动化港口——大士港，该港占地 1 330 多公顷、耗资超过 200 亿新元，从 2013 年便开始拨款在西海岸填海以获得建造大士港所需的土地，2022 年 9 月 1 日大士港正式开港，大士港口首个发展阶段的第三个泊位已启用。越南海运公司方面表示，将投资近 7 万亿越盾用于越南海防港国际港口建设，该项目的 4 号港口将于 2024 年 6 月完成，预计 2025 年整个项目竣工。2022 年 9 月，中国启动海南省洋浦区域国际集装箱枢纽港扩建工程，扩建工程完成后，洋浦港区年设计通过能力将新增 550 万标箱，总计可达 750 万标箱，将成为西部陆海新通道建设的重要支撑。

2021 年，我国完成港口货物吞吐量 155.5 亿吨，同比增长 6.8%。其中，港口对外贸易货物的吞吐量约 47 亿吨，同比增长 4.5%[①]。我国亿吨大港数量总共达 34 个，90% 以上的外贸货物通过海运完成。根据全球航运权威媒体《劳埃德船舶日报》发布，2021 年全球 100 大集装箱港口排名，中国上海港以 4 700 万标准箱的吞吐量雄踞全球第一，新加坡港位列第 2 位，此外宁波港、深圳港、广州港分别位列第 3、第 4、第 5 位，韩国釜山港位

---

① 中华人民共和国交通运输部 2021 年 12 月全国港口货物、集装箱吞吐量［EB/OL］.［2022 - 12 - 20］. https：//xxgk. mot. gov. cn/2020/jigou/zhghs/202201/t20220119_3637308. html.

列第 7 位，青岛港、天津港、香港港分别位列第 6、第 8、第 9 位。在全球港口货物吞吐量和集装箱吞吐量排名前 10 名的港口中，中国港口占有 7 席，RCEP 成员方主要港口占全球前 10 大港口的 9 个席位，强劲的运输综合实力为 RCEP 成员方开展对外贸易更好地保驾护航。

第 5 章

中国与 RCEP 成员方服务贸易现状
与潜力基础

5.1　中国服务贸易发展现状

5.1.1　中国服务贸易增长迅速，但占对外贸易总额比例较低，发展潜力较大

服务业的快速发展和经济全球化不断深化，推动我国服务贸易高速发展。1985～2018 年，我国服务贸易进出口额持续攀升，2018 年我国服务贸易进出口总额为 7 918.8 亿美元，较 1985 年的 56.2 亿美元增长近 140 倍。2019～2020 年受新冠疫情影响，2019 年较 2018 年下滑 0.87%，2020 年较去年同期再次下滑 15.7%。2021 年服务贸易整体回暖，实现进出口 8 212.5 亿美元，较去年同期上涨 24.11%，已基本回归 2018 年疫情前水平（见图 5.1）①。

---

① 中国商务部服务贸易历年中国服务进出口统计［EB/OL］.［2022 - 12 - 20］. http：//data. mofcom. gov. cn/fwmy/overtheyears. shtml.

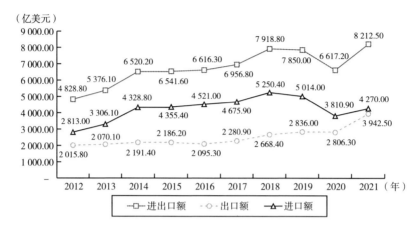

图 5.1 2012～2021 年中国服务贸易进出口额

2021 年中国货物进出口总值高出美国 1 589.61 亿美元，但中国的服务贸易总额仅占美国的 59.43%，虽然 2014 年中国已超越德国成为全球第二大服务贸易体，截至 2021 年仍然稳居全球服务贸易第二大国，但距离美国依然差距较大。1985 年中国服务贸易额在外贸总额中的占比为 7%，到 2016 年达到峰值 15.22% 后逐渐回落至 2021 年的 11.95%（见表 5.1）。从近 10 年数据可知中国服务贸易在外贸总额中的占比依然较低，提升潜力较大。①

表 5.1   2012～2021 年中国服务贸易额及占比

| 年份 | 服务贸易 | | 货物贸易进出口总额（亿美元） | 贸易总额（亿美元） | 服贸占比（%） |
	进出口总额（亿美元）	增速（%）			
1985	56.20		696.00	752.20	7.00
2012	4 828.80	7.57	38 671.20	43 500.00	11.10
2013	5 376.10	11.33	41 589.90	46 966.00	11.45
2014	6 520.20	21.28	43 015.30	49 535.50	13.16
2015	6 541.60	0.33	39 530.30	46 071.90	14.20
2016	6 616.30	1.14	36 855.60	43 471.90	15.22
2017	6 956.80	5.15	41 071.40	48 028.20	14.48

① 中国商务部服务贸易历年中国服务进出口统计［EB/OL］.［2022 - 12 - 20］. http：//data. mofcom. gov. cn/fwmy/overtheyears. shtml.

续表

年份	服务贸易		货物贸易进出口 总额（亿美元）	贸易总额 （亿美元）	服贸占比 （%）
	进出口总额（亿美元）	增速（%）			
2018	7 918.80	13.83	46 224.20	54 143.00	14.63
2019	7 850.00	-0.87	45 778.90	53 628.90	14.64
2020	6 617.20	-15.70	46 559.10	53 176.30	12.44
2021	8 212.50	16.89	60 514.89	68 727.39	11.95

5.1.2　服务贸易持续处于贸易逆差状态，服贸出口仍需发力

1982~2008 年，我国服务贸易整体出口额大于进口额，其中仅有 9 个年份处于小额贸易逆差的状况。2009 年我国服务贸易逆差额达 153.5 亿美元，自 2009 年后我国服贸逆差持续走高，至 2018 年达到 2582 亿美元的逆差高点。2019 年我国服贸出口额为 2836 亿美元，进口额为 5014 亿美元，2020 年服贸出口额为 2806.3 亿美元，而进口额仅为 3810.9 亿美元①，可见 2020 年的服务贸易逆差缩小并不是因为我国增大了出口，而是减少了进口所致，减少的进口项为旅行项目。2021 年服贸逆差进一步缩小至 327.5 亿美元（见图 5.2），主要原因为出口增加，主要出口增加项为运输项目。我国服务贸

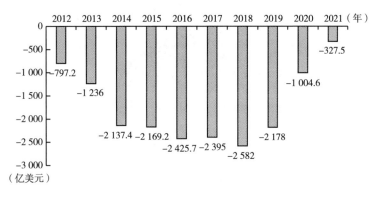

图 5.2　2012~2021 年中国服务贸易差额

① 中国商务部服务贸易历年中国服务进出口统计［EB/OL］.［2022-12-20］. http：//data. mofcom. gov. cn/fwmy/overtheyears. shtml.

易连续 13 年逆差,这说明我国虽然是全球第一贸易大国,但在服务贸易领域存在巨大缺口。

5.1.3 运输领域逆势发展,计算机及信息服务领域表现亮眼,旅游服务贸易潜力仍待挖掘

我国将国际服务贸易类别共划分为 12 类,即运输、旅行、建筑、保险服务、金融服务、电信及计算机和信息服务、知识产权使用费、个人及文化和娱乐服务、维护和维修服务、加工服务、其他商业服务、政府服务。2021年中国服务贸易进出口额为 8 212.5 亿美元,其中运输类进出口额为 2 607.4亿美元,占比为 31.75%;其他商业服务类(主要是技术相关服务、专业和管理咨询服务、研发成果转让费及委托研发)进出口额为 1 455.5 亿美元,占比为 17.72%;旅游类进出口额为 1 224.1 亿美元,占比为 14.91%;电信、计算机和信息服务类进出口额为 1 195.8 亿美元,占比为 14.56%(见图 5.3)。这四类服务贸易进出口额占总额的比例高达 78.94%[①]。

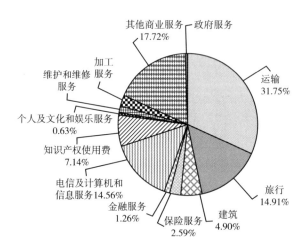

图 5.3 2021 年中国服务贸易各类别进出口额占比

---

① 国家统计局. 中国统计年鉴 2022〔M/OL〕. 北京:中国统计出版社. 〔2022 – 12 – 21〕.
http://www.stats.gov.cn/sj/ndsj/2022/indexch.htm.

2012 年我国的服务贸易进出口还主要由运输、旅行和其他商业服务组成，三者占比分别为 26.51%、32.3% 和 21.56%，电信及计算机和信息服务、知识产权使用费等高附加值的服务领域占比合计 8.61%（见图 5.4），到 2021 年电信及计算机和信息服务、知识产权使用费合计占比已达到 21.7%，进出口增长额更是高达 1 527 亿美元，特别是电信及计算机和信息服务领域进出口额由 2012 年的 54.9 亿美元增长至 2021 年的 1 195.8 亿美元，增长近 21 倍[①]。运输、旅游、电信及计算机和信息服务、其他商业服务已经成为我国对外服务贸易主要领域，高附加值服务领域现状得到了明显改善。

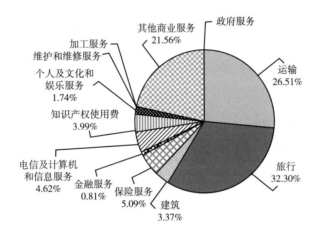

图 5.4　2012 年中国服务贸易各类别进出口额占比

受新冠疫情影响，2020 年中国服务贸易进出口总额较 2019 年下滑 15.7%，2021 年水平较 2020 年上涨 24%，已经超过 2018 年疫情前水平，较 2018 年服务贸易进出口总额上涨 293.7 亿美元，但结构已较 2018 年有较大变化。运输项目进出口总额占比从 2018 年的 19% 上升到 2021 年的 31.75%，旅行项目进出口总额占比从 2018 年的 39.94% 下降到 2021 年的 14.91%[②]。新冠疫情暴发以来全球运费飙升，中国稳健的抗疫政策和位居全球前列的大

---

① 国家统计局. 中国统计年鉴 2014 [M/OL]. 北京: 中国统计出版社. [2022 – 12 – 21]. http://www. stats. gov. cn/sj/ndsj/2014/indexch. htm; 国家统计局. 中国统计年鉴 2022 [M/OL]. 北京: 中国统计出版社. [2022 – 12 – 21]. http://www. stats. gov. cn/sj/ndsj/2022/indexch. htm.

② 国家统计局. 中国统计年鉴 2022 [M/OL]. 北京: 中国统计出版社. [2022 – 12 – 21]. http://www. stats. gov. cn/sj/ndsj/2022/indexch. htm.

型港口运载能力使得中国 2021 年的运输服务贸易进出口额实现了较去年同期 72. 36% 的大幅增长。同时，全球新冠疫苗分配不均，新冠病毒新型变异毒株的出现以及各国边境限制等措施对国际旅行造成的直接影响，导致旅行项目进出口总额较同期下滑 17. 16% 。建筑、文化和娱乐服务、维修服务、加工服务等占比相对较小但短期内受疫情影响较大的项目进出口额在 2020 年小幅度下滑后在 2021 年已经完全复苏，保险服务、金融服务、电信及计算机和信息服务及知识产权使用费等依托互联网可通过线上完成服务的领域的进出口额则在 2020 年超 10% 增长的基础上再次实现平均超 20% 的增长（见图 5. 5）①。

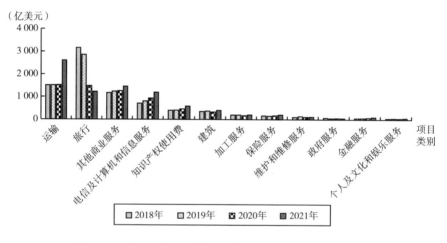

图 5.5　2018～2021 年疫情前后各服务项目进出口额变化

　　2021 年中国服务贸易逆差额为 327. 5 亿美元，其中最大逆差来源项为旅行，逆差额高达 996. 7 亿美元，最大顺差来源项为电信及计算机和信息服务，顺差额为 393. 6 亿美元（见表 5. 2）。2021 年服务贸易逆差额较 2020 年减少 667 亿美元，主要原因为运输服务、电信及计算机和信息服务、其他商业服务出口增加，旅行项目进出口额变化较小。旅行项目的长期逆差侧面说明中国人消费能力提升带来的出境游热度不断，但同时也说明我国对国内广

---

　　① 国家统计局. 中国统计年鉴 2022 ［M/OL］. 北京：中国统计出版社. ［2022 – 12 – 21］. http：//www. stats. gov. cn/sj/ndsj/2022/indexch. htm.

裹丰富的旅游资源开发及宣传不足，旅行项目的服务潜力仍需进一步挖掘。

表5.2 　　　　　　　　2021 年中国服务贸易进出口概况

类别	进出口额 （亿美元）	出口额 （亿美元）	进口额 （亿美元）	贸易差额 （亿美元）	进出口额较 2020 年同比变化（%）
运输	2 607.40	1 271.90	1 335.50	−63.60	72.36
旅行	1 224.10	113.70	1 110.40	−996.70	−17.16
建筑	402.70	304.80	97.90	206.90	21.00
保险服务	212.30	52.00	160.40	−108.40	19.81
金融服务	103.20	49.70	53.50	−3.80	40.22
电信及计算机和信息服务	1 195.80	794.70	401.10	393.60	27.58
知识产权使用费	586.70	117.80	468.90	−351.10	26.69
个人及文化和娱乐服务	51.70	19.00	32.70	−13.70	19.68
维护和维修服务	116.80	78.70	38.20	40.50	5.99
加工服务	208.30	201.20	7.10	194.10	18.82
其他商业服务	1 455.50	923.60	531.90	391.70	16.15
政府服务	47.90	15.50	32.40	−16.90	−21.09
总额	8 212.50	3 942.50	4 270.00	−327.50	24.11

在疫情之下我国依托科学的防疫政策铸就了稳定的供应链，促进了运输服务贸易的逆势发展。另外，经过近年服务业的发展，虽然我国在电信及计算机和信息服务行业进出口额呈增长趋势，但高附加值服务行业进出口额整体占比依然较低，如保险服务、金融服务领域进出口额合计占比仅为3.84%，仍待进一步发展，我国要从服务贸易大国走向服务贸易强国仍任重而道远。

5.2　中国与 RCEP 成员方服务贸易发展现状

5.2.1　中国与 RCEP 成员方服务贸易协议进程

2007 年 1 月，中国与东盟签署了中国—东盟自贸区《服务贸易协议》，同年 7 月生效,多年来的合作使双方在服务贸易中取得了一系列重要战略成果。中新、中澳、中韩分别在 2008 年和 2015 年签署的双边自贸协定中就已经涵盖了货物贸易、服务贸易、投资等多个领域。中国已经把服务业开放作为新一轮开放的重点,随着 RCEP 的签署,中国将持续推进服务业开放,新增了 22 个服务开放部门,提高了 37 个服务部门的开放水平,服务贸易负面清单目录持续缩短,服务改革的配套措施不断完善。

5.2.2 中国与 RCEP 成员方服务贸易现状

5.2.2.1 作为全球服务贸易发展的重要组成部分,RCEP 成员方服务贸易发展可观且仍具潜力

随着经济全球化的加深和国际产业结构的调整,全球服务贸易实现了可观的发展。2012 年 RCEP 启动谈判时,各成员方服务贸易进出口额合计为 17 129.67 亿美元,2021 年已增长至 22 806.26 亿美元,增幅为 33.14%。其中,中国、东盟、日本三大经济体增幅最大,增幅分别为 70.07%、32.77% 和 16.38%。2021 年 RCEP 成员方合计服务贸易进出口规模中,中国占比 36.01%,东盟占比 31.88%,日本占比 16.45%,韩国占比 10.96%,澳大利亚与新西兰合并占比 4.70%(见表 5.3),中国继 2016 年后再次超过东盟成为 RCEP 中服务贸易规模最大的经济体[①]。

表 5.3　　　　2012~2021 年 RCEP 成员方服务贸易进出口额

成员方	2012 年	2013 年	2014 年	2015 年	2016 年	2017 年	2018 年	2019 年	2020 年	2021 年
东盟	5 475.81	5 780.97	6 504.14	6 399.31	6 484.14	7 161.53	8 112.38	8 447.26	6 756.55	7 270.47
中国	4 828.80	5 376.20	6 520.20	6 541.60	6 616.30	6 956.80	7 918.80	7 850.00	6 617.20	8 212.50
日本	3 223.87	3 120.64	3 562.13	3 412.24	3 619.90	3 799.16	3 975.09	4 289.28	3 590.19	3 751.88
韩国	2 173.84	2 199.90	2 270.94	2 096.23	2 069.57	2 161.36	2 367.25	2 345.23	1 964.02	2 498.61
澳大利亚	1 174.43	1 163.46	1 301.12	1 185.76	1 205.63	1 338.67	1 429.60	1 430.63	885.23	845.46

---

① 世界贸易组织国际贸易统计 [EB/OL]. [2022 – 12 – 25]. https://stats.wto.org/.

成员方	2012 年	2013 年	2014 年	2015 年	2016 年	2017 年	2018 年	2019 年	2020 年	2021 年
新西兰	252.92	255.86	279.21	269.68	283.55	309.60	326.70	330.74	230.58	227.34
RCEP 小计（亿美元）	17 129.67	17 897.03	20 437.74	19 904.82	20 279.09	21 727.12	24 129.82	24 693.14	20 043.77	22 806.26
全球总量（亿美元）	87 664.97	92 193.68	103 994.05	99 127.11	100 207.88	108 778.10	119 244.85	123 231.74	100 872.01	116 950.91
占比（%）	19.54	19.41	19.65	20.08	20.24	19.97	20.24	20.04	19.87	19.50

2012～2021 年 RCEP 成员方服务贸易合计进出口规模稳定维持在全球服务贸易总体规模的 19.4%～20.3%，是全球服务贸易发展的重要组成部分。相较于 RCEP 货物贸易进出口规模占全球规模的约 30%，RCEP 成员方间服务贸易仍具发展空间。

从 2012～2021 年近 10 年 RCEP 成员方服务贸易规模发展历程来看，2021 年较 2012 年相比，中国的服务贸易规模增幅为 32.77%，东盟为 70.07%，日本为 16.37%，韩国为 14.94%，澳大利亚为 -28.01%，新西兰为 -10.11%（见图 5.6）。中国与东盟服务贸易体量最大且整体增长波动趋势相近，日韩虽体量相对较小但在受疫情影响前也有可观增长。2020 年的新冠疫情给全球服务贸易的发展带来了新的挑战，RCEP 各成员方在 2020 年度服务贸易进出口额均出现了下滑，澳新两国服务贸易水平受冲击较大，2021 年暂未恢复至 2012 年水平，其他成员方在 2021 年基本都实现了复苏，中国与韩国更是超越了疫情前水平。中国、东盟、日本、韩国将会是未来 RCEP 服务贸易发展的重要潜力来源。

5.2.2.2　RCEP 发达国家与发展中国家面对全球突发疫情的抗风险能力各不相同，服务贸易差距逐渐拉大

如表 5.4 所示，2021 年 RCEP 成员方服务贸易进口额合计为 12 114.26 亿美元，出口额合计为 10 692 亿美元，贸易逆差 1 422.26 亿美元。RCEP 中最大服务贸易顺差国为新加坡，服务贸易顺差 62.86 亿美元，最大逆差国为泰国，逆差额高达 409.99 亿美元，逆差额占到进出口总额的 45.55%。泰国

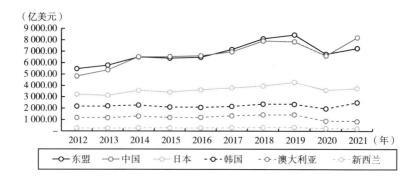

图 5.6 2012~2021 年 RCEP 成员方服务贸易进出口额

2021 年的服务贸易出口额为 245.02 亿美元, 较疫情前 2019 年的 811.8 亿美元下滑了 69.82%。旅游业在泰国的国民经济中占有重要的地位, 疫情以来泰国政府通过不断地放宽入境政策以招揽游客, 但收效不大。贸易逆差相对额较大的越南也存在服务贸易出口额大幅下滑的情况, 服务贸易出口额由2019 年的 166.52 亿美元下滑至 2021 年的 36.73 亿美元, 下滑比例高达77.94%。印度尼西亚、马来西亚也因疫情冲击而导致 2021 年服务贸易出口额较 2019 年下滑超过 50%。相反, 新加坡 2021 年服务贸易进出口额较 2019年均实现了双向增长①。

表 5.4 **2021 年 RCEP 成员方服务贸易逆差额**

成员方	进出口总额 （亿美元）	进口额 （亿美元）	出口额 （亿美元）	贸易差额 （亿美元）	贸易差额占进出口 总额比例（%）
中国	8 212.50	4 270.00	3 942.50	−327.50	3.99
新加坡	4 534.46	2 235.80	2 298.66	62.86	1.39
日本	3 751.88	2 073.37	1 678.51	−394.86	10.52
韩国	2 498.61	1 271.20	1 227.41	−43.79	1.75
泰国	900.03	655.01	245.02	−409.99	45.55
澳大利亚	845.46	392.72	452.74	60.02	7.10
马来西亚	564.78	356.09	208.69	−147.40	26.10

① 世界贸易组织国际贸易统计 ［EB/OL］.［2022 − 12 − 25］. https：//stats. wto. org/.

成员方	进出口总额 （亿美元）	进口额 （亿美元）	出口额 （亿美元）	贸易差额 （亿美元）	贸易差额占进出口 总额比例（%）
菲律宾	530.80	194.53	336.27	141.74	26.70
印度尼西亚	427.44	287.11	140.33	−146.78	34.34
越南	230.80	194.07	36.73	−157.34	68.17
新西兰	227.34	133.56	93.78	−39.78	17.50
缅甸	39.71	18.22	21.49	3.27	8.23
柬埔寨	27.61	21.04	6.57	−14.47	52.41
文莱	11.07	9.02	2.05	−6.97	62.96
老挝	3.77	2.52	1.25	−1.27	33.69
RCEP 总计	22 806.26	12 114.26	10 692.00	−1 422.26	6.24

5.2.2.3　RCEP 各成员方互为重要的服务贸易出口国，服务贸易黏度高

世界贸易组织的数据显示，RCEP 各成员方就服务贸易出口目的国来看，各成员方间有着十分高的贸易黏度。由于发展中国家数据缺失，此处仅以澳大利亚、新西兰、日本、韩国及新加坡的出口数据举例说明。

就澳大利亚而言，服务贸易前五大出口国及地区为中国、欧盟、美国、新西兰、新加坡，中国在 2016 年超越欧盟成为澳大利亚最大的服务贸易出口国，澳大利亚对中国的出口额占比由 2012 年的 13%提升到 2020 年的 17%。2020 年，澳大利亚向 RCEP 成员方出口的服务贸易额占其服务贸易总额的 39%，其中占比最高的是中国，为 17%，排名第二的新加坡占比为 5%。澳大利亚向 RCEP 成员方的出口占比对比 2012 年的 46%有所下滑，主要原因是向日韩出口的服务贸易占比逐年下滑，从 2012 年的 7.9%下滑至 2020 年的 3.5%①。

就新西兰而言，服务贸易前五大出口国及地区为澳大利亚、欧盟、美

---

① 世界贸易组织国际贸易统计 [EB/OL]. [2022-12-25]. https://stats.wto.org/.

国、中国、英国，澳大利亚是新西兰最大的服务贸易出口国，出口额占新西兰出口总额的20%左右，但近年呈下滑的趋势，占比从2012年的27%下滑至2020年的19%。2020年，新西兰向RCEP成员方出口的服务贸易额占其服务贸易总额的41.3%，RCEP成员方中出口占比第一的是澳大利亚，第二是中国，出口占比约10%。向中国出口服务贸易额占比近年呈上升趋势，从2012年的8%上升至2020年的11%①。

就日本而言，服务贸易前五大出口国及地区为美国、欧盟、英国、中国、新加坡，受新冠疫情的冲击，中国从日本第三大服务贸易出口国下滑至第四位。2020年，日本向RCEP成员方出口的服务贸易额占其服务贸易总额的28%，较2012年的34%下滑较大，主要原因为日本向英国近10年出口额增幅高于RCEP中其他成员方。日本向RCEP成员方中出口服务贸易额占比最大的是中国，向中国出口额占出口总额的9.5%，近10年日本对中国出口较为稳定，基本稳定在10%的占比；第二是新加坡，这一占比为7.1%，较2012年的6.1%有小幅提升。

就韩国而言，服务贸易前五大出口国及地区为中国、美国、欧盟、日本、中东。2020年，韩国出口中日的服务贸易总额合计占比达26.5%，其中出口中国的服务贸易额占比近10年增速明显，从2012年的13.1%上升至2020年的19.1%，2020年韩国出口美国的服务贸易额占比为19.3%，中国与美国已成为韩国最大的服务贸易出口国。

就新加坡而言，服务贸易前五大出口国及地区为欧盟、美国、日本、东盟、澳大利亚。2020年澳大利亚超过东盟暂列第四位，中国目前暂列第六位。2020年，新加坡向RCEP成员方出口的服务贸易额占其服务贸易总额的37.3%，较2012年的28.6%增长了8.7个百分点。同时期新加坡向RCEP成员方中出口服务贸易额占比最大的是日本，为10.3%，排名第二的是澳大利亚，为8.75%，排名第三的是东盟，为8.72%。

就中国而言，由于没有最新数据，就2015～2016年数据来看，中国服务贸易出口国及地区主要为中国香港、美国、日本、韩国及德国，其中出口

①　世界贸易组织国际贸易统计［EB/OL］.［2022-12-25］. https：//stats. wto. org/.

香港的服务贸易额占比高达 30%，日韩合计为 10.5% 左右①。

从以上数据列示不难看出，澳大利亚与新西兰、日本与新加坡、中国与新加坡、中国与日本、中国与韩国均互为重要的前五大服务贸易出口国，RCEP 各成员方间服务贸易黏度极高，中国在 RCEP 成员方中的进口国位置更为显著，成为 RCEP 各成员方服务贸易的主要出口目的地。

5.3　中国与 RCEP 成员方服务贸易潜力基础

5.3.1　服务业已成为 RCEP 各成员方的重要支柱产业，服务基础有所保障

一般而言，经济越发达的国家其服务业增加值在 GDP 中的占比越大，美国由于其发达的金融业和信息服务业，服务业的增加值在 GDP 中占比高达 80%。目前，澳大利亚和新西兰服务业增加值在 GDP 中的占比均达到 70% 以上，日本为 69%，韩国为 57%，中国为 53%，东盟各国中较高的如新加坡约为 70%，较低的如文莱约为 34%、柬埔寨约为 38%，东盟前五大经济体印度尼西亚、泰国、新加坡、菲律宾、马来西亚的该比例均在 40% 以上②。从图 5.7 中可以看出，2003～2020 年 RCEP 各成员方服务业增加值在 GDP 中的占比相对稳定，日本、新加坡、澳大利亚和新西兰四国长年保持在 60% 以上水平，菲律宾、泰国、韩国、马来西亚及中国自 2014 年后已稳定保持在 50% 以上水平，印度尼西亚作为东盟第一大经济体与其他未列示的东盟 5 国还停留在 30%～45% 的水平，仍需进一步的发展。RCEP 各成员方的服务业占比均超过 30%，已经成为各成员方的重要支柱产业，RCEP 各成员方发展国际服务贸易拥有稳定的产业基础。

---

① 世界贸易组织国际贸易统计 ［EB/OL］．［2022 - 12 - 25］. https：//stats. wto. org/.
② CEIC 全球数据库国家/地区数据 ［EB/OL］．［2022 - 12 - 23］. https：//www. ceicdata. com. cn/zh - hans/countries.

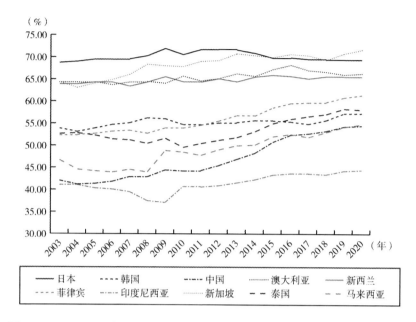

图 5.7　2003～2020 年 RCEP 各成员方服务业增加值在 GDP 中的占比变动趋势

　　国家统计局在 2021 年发布的数据显示，我国服务业从业人口占就业总人口比例为 47.7%，这一数据在 2012 年仅为 36%[①]，服务业从业人口增长迅速。日本、韩国服务业从业人口占就业总人口比例已达到 70% 以上，东盟国家中服务业增加值在 GDP 中占比较低的柬埔寨的服务业从业人员占比也在 35% 左右[②]，各国服务业增加值在 GDP 中的占比与服务业从业人口增长几乎一致。服务业从业人员相对充足，能有力地支撑未来各国服务贸易的进一步发展。RCEP 各成员方特别是发展中国家，为了提高 GDP 的增长效率就必须要在提高第一产业生产效率的同时发展第三产业，适当增加服务业和高附加值产业比重将是必由之路。

---

　　① 国家统计局中华人民共和国 2021 年国民经济和社会发展统计公报 ［EB/OL］．［2022 - 12 - 25］．http：//www.stats.gov.cn/xxgk/sjfb/zxfb2020/202202/t20220228_1827971.html.
　　② CEIC 全球数据库国家/地区数据 ［EB/OL］．［2022 - 12 - 23］．https：//www.ceicdata.com.cn/zh - hans/countries.

5.3.2　RCEP 各成员方服务贸易优势行业互补明显

目前，我国的服务贸易出口优势项目主要集中在运输、电信及计算机和信息服务、建筑、其他商业服务四大领域，其中运输行业出口额占比最大也较为稳定，优势行业主要集中在劳动密集型和技术密集型服务产业上。就日本而言，其服务贸易出口优势项目主要在旅游服务、保险服务、金融服务、知识产权使用费上，主要为资源密集型、资本密集型和技术密集型服务产业。韩国的服务贸易出口优势项目则在运输服务、旅游服务、知识产权使用费上。东盟各国中新加坡的出口优势项目集中在保险服务、金融服务这类资本密集型服务产业上，泰国、马来西亚、印度尼西亚等国的出口优势项目主要集中在旅游服务项目这类资源密集型服务产业上。澳大利亚的服务贸易出口优势项目则集中在旅游服务、金融服务和个人文化服务上，主要为资源密集型及资本密集型的服务产业。不难看出，RCEP 各成员方分别在劳动密集型、资源密集型、技术密集型和资本密集型服务产业的服务贸易中能有效得到互补，各成员方可充分利用自身优势，不断增强国际经济合作，拓展国际服务贸易市场潜力，使 RCEP 区域经济得到更好的可持续发展。

| 第 6 章 |

中国与 RCEP 成员方旅游服务贸易现状
与潜力基础

6.1 中国旅游服务贸易发展现状

自从改革开放以来，随着人民生活水平和消费能力的日益提高，我国的旅游业实现了飞速发展，不管是国内旅游市场还是国际旅游市场都实现了可观的增长，旅游业已成为国民经济中的重要产业。

6.1.1 我国出入境游客数量不断攀升，后受疫情影响呈断崖式下跌

随着我国改革开放的不断深入，我国的国际旅游服务贸易也实现了飞速发展，1998 年我国接待入境旅游人数为 710.77 万人次，实现入境旅游收入 126.02 亿美元，2019 年接待人数增长至 1.45 亿人次，实现入境旅游收入 1 313亿美元。伴随着我国人民生活水平的提高，出境旅游人次也由 2002 年的 1 660.23 万人次增长到 2019 年的 1.69 亿人次，增幅达9.2 倍①。如图 6.1 所示，我国接待入境人次在 2020 年前均处于相对稳定的水平，出境人次则

---

① 中国文化和旅游部文化和旅游发展统计公报 [EB/OL]. [2022 - 12 - 26]. https：//zwgk. mct. gov. cn/zfxxgkml/447/465/index_3081. html.

增速明显，在 2018 年，我国出境人次首次超过入境人次。新冠疫情的出现使国际旅游形势出现了断崖式的下跌，2020 年我国出境旅游人次较 2019 年下滑 87.98％，入境旅游人次较 2019 年下滑 81.1％。新冠疫情以来，各国疫情防控下出入境旅游签证程序的差异、疫苗接种率差异均给全球服务贸易的顺利进行带来更多的不确定性。

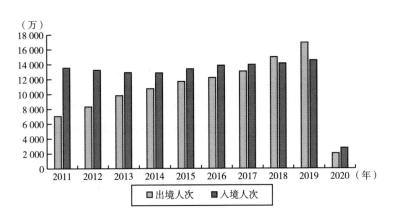

图 6.1　2011～2020 年中国出入境旅游人次

6.1.2　旅游服务贸易在服务贸易中的占比自 2015 年后逐渐下滑，如何复苏成为关键

回看 2012～2021 年中国旅游服务贸易进出口情况，自 2012 年起旅游服务贸易额在服务贸易总额中的占比不断提升，在 2015 年时更是高达 54.04％，而后虽然呈逐渐下降的趋势（见图 6.2)①，但这 10 年我国旅游服务贸易额在服务贸易总额中占比平均达 35％，足见其在服务贸易中的重要地位。新冠疫情暴发前旅行项目一直是我国服务贸易进出口规模中占比最大的项目，同样也是受新冠疫情影响最大的项目，要使我国服务贸易进出口在后疫情时代具有长久稳定的增长活力，如何逐步复苏旅游服务贸易十分关键。

---

① 中国商务部中国服务贸易分类年度统计 ［EB/OL］．［2022 - 12 - 20］．http：//data. mofcom. gov. cn/fwmy/classificationannual. shtml.

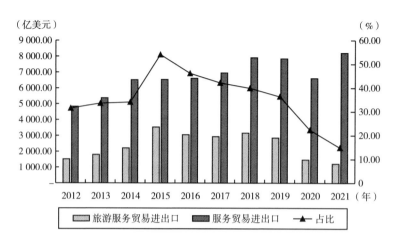

图 6.2　2012～2021 年我国旅游服务贸易与服务贸易占比变化趋势

6.1.3　我国旅游服务贸易长期逆差，出口潜力仍待激发

如图 6.3 所示，2012～2021 年旅游服务贸易出口额整体水平偏低，与同时期进口额相比均未超过进口额的 50%，最高出口额水平在 2015 年，为 1 149 亿美元，达到了同时期进口额的 48%。2021 年我国旅游服务贸易出口额为 113.7 亿美元，为 2012～2021 年来最低水平，仅占旅游服务贸易进口额的 10.24%。旅游服务贸易进口额在 2020 年以前呈明显增长趋势而后受疫情影响又再次下跌，2021 年跌至 1 110.4 亿美元。我国旅游服务贸易逆差整体呈先增后降的趋势，2018 年旅行项目贸易逆差达到峰值 2 373.8 亿美元。2020～2021 年旅游服务贸易逆差逐渐减少的原因在于进口额的减少，出口额并无增加，如何激发旅游服务贸易出口潜力是扭转长期贸易逆差的关键①。

---

①　国家统计局 . 中国统计年鉴 2022 [M/OL]. 北京：中国统计出版社. [2022 - 12 - 21]. http：//www. stats. gov. cn/sj/ndsj/2022/indexch. htm.

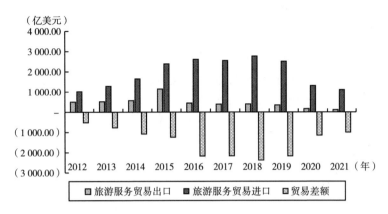

图 6.3　2012～2021 年中国旅游服务贸易进出口情况

6.2　中国与 RCEP 成员方旅游服务贸易现状

新冠疫情暴发后，全球各国餐饮、酒店和旅游观光行业遭受了重创，RCEP 成员方旅游服务贸易也在 2020 年全面下滑。RCEP 的签订将更有利于区域内成员方之间的人员流动，也有利于促进恢复整个旅游市场消费活力。另外，在疫情作用下催生的新生的、多样化的旅游市场必然更能满足旅客消费的需求，拉动旅游业消费。

6.2.1　RCEP 成员方中东盟入境游客数量增长最快，受新冠疫情冲击也最为严重

2012 年以来，RCEP 成员方旅游服务贸易均取得了可观的发展，世界旅游组织 UNWTO 数据显示，从入境游客人数来看，自 2012 年以来东盟入境游客增速最快，日本第二。随着东盟各国全球化的不断深入，东盟依托丰富的海岛资源，一直是全球游客度假选择的热门目的地。2012 年东盟共接待入境游客约 8 900 万人次，到 2019 年增长至 1.48 亿人次，泰国、马来西亚、新加坡、印度尼西亚、越南为东盟前 5 大入境游客接待国，接待人次占整个东

盟的80%。受新冠疫情影响，RCEP各伙伴国入境游客人数均出现大幅下滑，澳大利亚、日本和东盟在2020年及2021年连续两年同期下滑超过80%。其中东盟2020年较2019年同比下滑81.51%，2021年又较2020年同比下滑88.25%，2021年整个东盟接待入境旅客仅为320万人次左右（见图6.4），不及2012年5%的水平①。

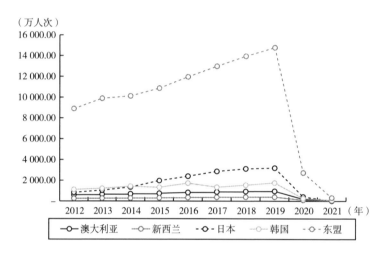

图6.4 2012～2021年RCEP各成员方入境游客人数

6.2.2 中国成RCEP中出境游客支出最高的国家，中国、韩国及东盟出境游活跃度较高

世界贸易组织数据显示（见表6.1），2019年新冠疫情暴发以来，RCEP各成员方出入境游客数量大幅下滑，出入境游客旅游支出随之下滑。基于中国科学的疫情防控和疫苗高接种率，2021年入境游客旅游支出项目除中国外，其他RCEP成员方仍处于下滑状态，东盟入境游客支出下滑幅度最大，入境旅游活力有待复苏。在出境旅客旅游支出项目上，只有韩国在2021年实现了正增长3.18%，较2020年出境游热度不减。中国、韩国及东盟成为

① 世界旅游组织全球和区域旅游表现［EB/OL］．［2022－12－30］．https：//www.unwto.org/tourism－data/global－and－regional－tourism－performance.

出境游客旅游支出大于入境游客旅游支出的主要经济体，出境游活跃度较高，其中中国成为出境游客旅游支出最高的国家，支出额占 RCEP 成员方总额的 71%①。

表 6.1　　　　　2021 年 RCEP 成员方出入境游客旅游支出及同比

国别	入境游客旅游支出及变化			出境游客旅游支出及变化		
	2021 年支出额（亿美元）	2020 年支出额（亿美元）	同比变化（%）	2021 年支出额（亿美元）	2020 年支出额（亿美元）	同比变化（%）
澳大利亚	171.32	262.35	−34.70	17.97	78.17	−77.01
中国	113.28	99.51	13.84	1 056.89	1 310.50	−19.35
韩国	110.84	115.24	−3.82	171.77	166.47	3.18
东盟	107.92	346.35	−68.84	191.14	277.18	−31.04
日本	52.25	113.96	−54.15	32.85	67.62	−51.42
新西兰	30.59	56.86	−46.20	10.38	14.35	−27.67

6.2.3　RCEP 各成员间入境游客依赖程度高，中国与东盟互为主要客源地

从各成员方入境游客来源地看，RCEP 成员方的入境游客主要来自东亚、东南亚及大洋洲，正是 RCEP 成员方所覆盖的区域范围。2021 年澳大利亚入境 24.6 万人次，其中 15.4 万人次来自东亚及大洋洲，占比达 63%；2021 年新西兰入境 20.7 万人次，其中 17.9 万人次来自东亚及大洋洲，占比高达 86%；2021 年日本入境 24.6 万人次，其中 48% 来自东亚及大洋洲；2021 年韩国入境 96.7 万人次，其中约 70% 来自东南亚、东亚及大洋洲；2021 年东盟入境约 320.94 万人次（包含东盟各国之间的入境人次），其中约 73% 来自东南亚、东亚及大洋洲。② 从以上数据可见，RCEP 各成员方在旅游服务贸易领域有很强的黏性，相互依赖程度较大。

---

①② 世界旅游组织全球和区域旅游表现［EB/OL］.［2022 - 12 - 30］. https：//www.unwto.org/tourism - data/global - and - regional - tourism - performance.

根据《中国入境旅游发展年度报告 2021》，2020 年我国接待入境游客 2 747 万人次，同比下降 81%，仅有的市场存量主要来自周边国家和地区，排名前 15 位的入境旅游客源市场为中国澳门、中国香港、缅甸、越南、中国台湾、菲律宾、蒙古国、韩国、俄罗斯、日本、美国、印度、印度尼西亚、马来西亚和加拿大。我国入境游客的结构在疫情前后发生了较大的变化，澳门和香港地区成为入境游客的主要来源地。在新冠疫情暴发前，按入境旅游人数排名前 17 位的客源市场为：缅甸、越南、韩国、日本、美国、俄罗斯、蒙古国、马来西亚、菲律宾、新加坡、印度、加拿大、泰国、澳大利亚、印度尼西亚、德国、英国（其中缅甸、越南、俄罗斯、蒙古国、印度含边民旅华人数），其中亚洲游客占比高达 76.3%。在新冠疫情暴发前的 2018 年，观光休闲的入境旅客占比达 33.5%，是最主要的入境旅客类别，而目前更具需求刚性的留学和商务旅行成为当前入境旅游的基础需求。在新冠疫情的影响下，RCEP 成员方中与我国相邻的周边国家未来将成为我国主要的入境旅游客源市场，如缅甸、越南、菲律宾、韩国、日本、印度尼西亚、马来西亚。

6.2.4 中国入境旅游主要以陆运为主，RCEP 其他成员入境旅游主要以空运为主

根据世界旅游组织关于入境旅游游客交通抵达方式所列示的入境游客数量，2020 年澳大利亚、新西兰、日本、韩国及东盟入境游客通过空运方式入境的占比分别为 98%、97%、99%、89% 及 76%，其中东盟国家中文莱、老挝、缅甸、马来西亚四国的陆运入境游客人数占总入境游客人数比例超过 50%[1]。另外，中国 2019 年接待入境游客中有 82% 是通过陆运入境[2]，这与前面提到的我国入境旅游人数排名前 17 国对比可见，我国接待入境游客中大部分是来自周围接壤国家和地区。目前，我国接壤国家基本为发展中国家，游客整体消费水平较发达国家有一定差距，这也是我国入境游客人次较出境游客人次差异不大但出入境旅游游客支出差异近 10 倍的原因。我国仍

①② 世界旅游组织全球和区域旅游表现［EB/OL］.［2022 - 12 - 30］. https：// www. unwto. org/ tourism - data/global - and - regional - tourism - performance.

需要进一步提升旅游服务综合能力和旅游宣传能力，吸引更多的外来游客入境消费，以改善旅游服务贸易长期逆差的现状。

6.3　中国与 RCEP 成员方旅游服务贸易潜力基础

6.3.1　RCEP 各成员方经济发展向好，人均收入提升将刺激旅游消费潜力

随着我国国内生产总值的逐年上涨，我国人均可支配收入也随之增加，2014 年为 2.02 万元，2020 年已增长到 3.22 万元。城镇与农村人口在旅游项目上的支出也逐年递增，即便在疫情时，2021 年的人均旅游支出也较 2020 年实现了可观增长。另外，RCEP 成员方中，除缅甸、文莱外其余 13 国在 2021 年均实现了 GDP 的正增长（见表 4.7）。伴随着 GDP 的增长效应，国内居民的消费能力会得到进一步的提升，GDP 正增长下庞大的 22.35 亿人群均会为未来 RCEP 各成员方旅游服务贸易的发展注入一股潜力。

6.3.2　不断提高的旅客接待条件和财政支出为旅游服务贸易的发展提供了有力保障

根据世界旅游组织的数据初步统计，2012 年 RCEP 成员方酒店接待房间数为 489 万间，到 2021 年上升至 662 万间，增幅达 35%。虽然受新冠疫情冲击，但 2020 ~ 2021 年 RCEP 成员方酒店接待房间数量仍然整体呈上升趋势，各成员方酒店接待房间数量的上升为疫情后旅游复苏和旅游服务贸易的发展提供了有力保障。其中东盟和日本的增幅最大，中国则从 2017 年开始降幅明显（见图 6.5）[1]，较 RCEP 其他成员方，中国在旅游服务方面仍有很

---

[1]　世界旅游组织全球和区域旅游表现 [EB/OL]．[2022 – 12 – 30]．https：//www.unwto.org/tourism – data/global – and – regional – tourism – performance；中国文化和旅游部文化和旅游发展统计公报 [EB/OL]．[2022 – 12 – 26]．https：//zwgk.mct.gov.cn/zfxxgkml/447/465/index_3081.html.

大的提升空间。

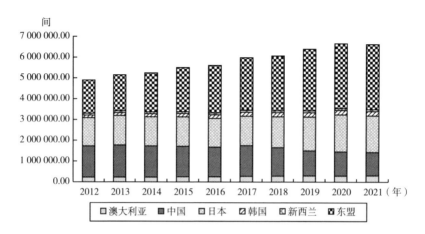

图 6.5　RCEP 成员方酒店接待房间数量变化

中国政府积极增加财政支出，助力我国的旅游文化基础设施建设，财政收支中文化旅游体育与传媒支出在 2012 ~ 2021 年增长了 75.72% （见图 6.6）①，相信未来我国旅游行业的整体接待能力和运营管理能力会有进一步的提升。

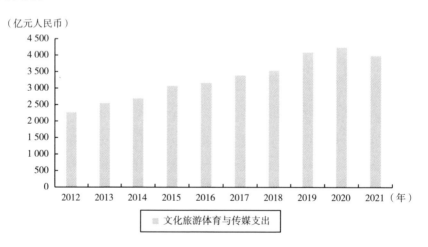

图 6.6　2012 ~ 2021 年我国文化旅游体育与传媒支出

① 国家统计局. 中国统计年鉴 2022 ［M/OL］. 北京：中国统计出版社. ［2022 - 12 - 21］. http://www. stats. gov. cn/sj/ndsj/2022/indexch. htm.

6.3.3　旅游资源优势互补，市场规模扩张潜力大

中国虽然是 RCEP 成员方中国土面积最大、历史最为悠久的国家，但依然在旅游资源分布上与 RCEP 各成员方间有着很强的互补优势。

就中国与东盟而言，东南亚有着得天独厚的地理位置，马六甲海峡是联系世界各大洲的重要枢纽，凭借其优越的海岛资源，有着天然的旅客"流量入口"，如泰国普吉岛、印度尼西亚巴厘岛、马来西亚巴丹岛等。由于所处纬度不同，这些海岛自然风光不仅要优于中国、韩国和日本海岸线的风光，而且东南亚的旅游支出相对较低，这成为吸引东亚游客和大洋洲游客入境游的主要原因。另外，中国西南地区的云南省、广西壮族自治区、澜沧江及南海均与东盟十国相链接，东盟各国进入中国游览可选择空运和陆运等多种方式。同时，中国不只拥有与东盟邻国风景相近的西南部，中国大面积的南部和北部更有着与东南亚完全不同的自然风光，凭借我国发达的铁路、公路和空中航运网络，东南亚入境游客进入我国北部和南部旅游变得十分便捷。

就中国与日韩而言，日本与韩国主要以人文风光为主，景点以精致、小而雅为主，均有各自十分鲜明的国家文化名片，而日本相较于韩国拥有更大的纬度跨越，国内的自然风光会相对多样化。相比之下，中国也拥有十分鲜明的国家文化名片和历史积淀，整个国家的纬度跨越更大，自然风光更加多样化，在满足入境游客人文观光需求的前提下，还能提供优美的自然风光。唯一较日韩不足的是中国景区管理能力和旅游行业规范程度相对较低，未来我国还需要继续提升。

就中国与澳大利亚、新西兰而言，中国地处热带和北温带的北半球，而澳大利亚及新西兰地处热带及南温带的南半球。南半球由于没有广袤的陆地，海洋植物茂密，海洋动物资源丰富，有着与中国完全不同的海岸线风光。

就东盟与澳大利亚、新西兰而言，虽然都有丰富的海洋资源风光，但大洋洲大部分区域地处温带，有丰富的高山、湖泊以及冰川资源，这些是地处热带的东盟各国所没有的。

RCEP 成员方之间的天然互补优势决定了未来不管是人文旅游还是自然风光旅游都将会有更大的市场空间可以拓展。中国应当在宣传好自身的文化名片，积极传播悠久的历史文化符号的同时，为国内优质的旅游资源做出更好的宣传和对外开放，如新疆维吾尔自治区、陕北、东北等地区的风光与欧洲、中东、俄罗斯等相邻和同纬度的区域类似，但相比之下我国在物理距离上更有区位优势，提高这些区域景区的基础设施建设和运管能力以吸引 RCEP 各成员方游客入境消费尤为重要。

6.3.4 全球疫情消退，各国积极解除限制措施助力旅游复苏

随着 2023 年 5 月世界卫生组织宣布新冠疫情不再构成"国际关注的突发公共卫生事件"，各国已经逐步解除限制措施，世界旅游经济得到了复苏。根据世界旅游组织的最新数据显示，国际旅游业已经从史上最严重的危机中得到复苏，2023 年 1～7 月全球旅游入境人数已经达到疫情暴发前 84% 的水平。其中，美国、欧洲及非洲分别恢复至疫情前的 87%、91% 及 92% 的水平，中东更是超过疫情前水平的 20%。相比之下亚太地区由于市场开放稍晚，恢复至疫情前 61%，距离全球其他区域复苏相对滞后[①]。在 2022 年 1 月 19 日举办的第 40 届东盟旅游论坛开幕仪式上，东盟正式宣布其旅游重新开放，为了更好地恢复因新冠疫情而遭受影响的社会经济。2023 年 2 月，中国文化和旅游部发布《关于试点恢复旅行社经营中国公民赴有关国家（第一批）出境团队旅游业务的通知》，自 2023 年 2 月 6 日起，试点恢复全国旅行社及在线旅游企业经营中国公民赴有关国家出境团队旅游和"机票＋酒店"业务，按下了中国出境游的"重启键"。作为全球旅游大国的泰国更是在 2023 年 9 月 13 日宣布对中国游客实施"免签 5 个月"的利好政策，正好覆盖中国的国庆黄金周及农历新年。中国和东盟分别作为 RCEP 成员方最主要的国际旅游客源国和目的地国，自由开放的旅游市场将更有力地刺激亚太地区的出入境旅游更快复苏，赶超全球其他区域的旅游业复苏活力指日可待。

---

① 世界旅游组织－国际旅游业迅速克服疫情低迷［EB/OL］．［2023－09－20］．https：//www. unwto. org/news/international－tourism－swiftly－overcoming－pandemic－downturn.

6.3.5　数字技术赋能旅游业，更好满足旅客消费的需求，拉动旅游业消费

新冠疫情暴发后，东盟出台了《东盟全面复苏框架》《东盟数字旅游宣言》，中国也发起了《中国—东盟数字旅游合作倡议》，深化中国与东盟的数字旅游合作，共同促进电子商务旅游、5G 网络旅游、科技旅游的探索与发展，以使旅游业得到更快复苏。

中日旅游业在疫情后探索出从单一旅游服务升级为综合服务的新机遇，加快了线上演播、沉浸式体验、智能化产品开发和推广等数字化进程。另外，韩国旅游业在疫情后主要转向国内游，而国际旅游则更多地通过营造视觉体验实现"云游"来加强各国旅游文化沟通。总体而言，后疫情时代催生的"云端旅游"新业态以及更加智慧便捷的线下旅游模式，推动旅游业转型升级，为旅游业的尽快复苏注入了一股活力。

第 7 章

中国与 RCEP 成员方旅游服务贸易潜力分析

7.1 中国与东盟旅游服务贸易潜力分析

东盟于 1967 年 8 月 8 日在泰国曼谷成立，秘书处设在印度尼西亚首都雅加达，成员方包括文莱、柬埔寨、印度尼西亚、老挝、马来西亚、菲律宾、新加坡、泰国、缅甸和越南十国。2020 年成员方总面积约 449 万平方千米，人口 6.5 亿[①]。

7.1.1 东盟国家入境旅游潜力分析

7.1.1.1 东盟国家入境旅游潜力的推力因素分析

东盟位于我国南部，部分成员方与我国国土接壤，经度跨度小，时差小，交通方式多样，海陆空运输便利。北京距离印度尼西亚首都雅加达 5 245 公里，直飞航班需 7 小时。邻近的地理位置与便利的交通利于旅游服务贸易的开展。2000 多年前，中国与东盟成员方通过"丝绸之路""茶叶之路""瓷器之路"和"香料之路"进行文化交流和人员往来，下"南洋"的

---

① 东南亚国家联盟［EB/OL］.［2022－12－10］. https：//www.mfa.gov.cn/web/gjhdq_676201/gjhdqzz_681964/lhg_682518/jbqk_682520/.

华侨华人对中华文化在东盟国家的传播起到了重要作用，为东盟国家的语言、文化、宗教、生产技术等深深烙下中华文化的印记。与此同时，东盟国家的文化、宗教、物产等对中国文化也具有重要影响，中国与东盟国家这种深厚的历史与文化联系，根植于双方的深层土壤。

东盟成员方酒店房间数量 2012 年为 159 459 间，2012～2021 年东盟成员方酒店房间数量保持稳步增长，每年都创新高。2021 年东盟成员方酒店房间数量为 313 402 间，同比增长 0.45%，增速放缓，2012～2021 年酒店房间数量年平均增速为 7.87%，虽 2021 年增速放缓，但增长态势良好，酒店房间数量的稳步增长，意味着东盟成员方接待外国游客的能力稳步提升，是开展国际旅游的重要基础①。东盟成员方 2012 年接待入境游客总人数为 8 902.1 万人次，2012～2019 年保持着较快增速，年平均增速为 7.53%。2019 年东盟接待游客人数达到近年来的峰值 14 772 万人次，同比增长 5.93%，但之后受新冠疫情影响接待人数呈现断崖式下跌，2020 年为 2 731.6 万人次，同比下降 81.51%。2021 年为 320.94 万人次，同比下降 88.25%②。

7.1.1.2　东盟国家入境旅游潜力的制约因素分析

新冠疫情严重影响了东盟国家入境旅游的发展。2020 年，柬埔寨旅游业收入仅 10 亿美元，同比下降近 80%，对国内生产总值的贡献率仅为 3%。外国游客数量从 2019 年的 660 万人次锐减至 130 万人次，2021 年上半年更进一步降至 10.25 万人次，3 400 多家旅游相关企业关闭，数万人失去工作。2020 年，赴菲律宾旅游的外国游客数量为 132 万人次，比 2019 年萎缩近 84%。菲律宾服务业产值下降 9.1%，超过 500 万名旅游从业者遭遇失业或收入锐减，国际旅游业收入降至 17 亿美元，比 2019 年下降了 83%。2020 年 2 月，新加坡入境旅客人次减少至 73 万人次，同比大跌 51%。新加坡的酒店在 2 月的平均入住率仅为 51%，较 1 月的 83.1% 大幅下降，导致客房收入

---

① 国家统计局 – 各国统计网站 [EB/OL]. [2022 – 12 – 10]. https：//data. stats. gov. cn/gjwz. htm.

② 国家统计局 – 主要国家（地区）年度数据 [EB/OL]. [2022 – 12 – 10]. https：//data. stats. gov. cn/easyquery htm? cn – G0104.

下降了40%。拥有300个房间以上的大型酒店的入住率受到的影响最大，平均入住率为51.4%，较去年同期下降39.5个百分点。2020年1~8月越南入境游客仅380万人，比去年同期的1 130万人下降约67%。来自亚洲的游客占越南国际游客总数的73%以上，同比下降了近70%。其中，中国、韩国、日本、泰国和马来西亚的游客数量分别下降了72%、70.5%、68%、59%和70%①。

另外，东盟成员方旅游安全问题也是影响其入境旅游发展的一个重要因素。中国旅客在东盟国家旅游时已出现多次突发事件，危害着旅客的生命安全。2018年泰国普吉岛船覆事件、泰国巴士翻车事件以及多处旅游地频发爆炸、马来西亚旅游大火、印度尼西亚巴厘岛山体滑坡等安全隐患层出不穷，成为中国与东盟旅游服务贸易发展的一大阻力。

7.1.2　东盟国家出境旅游潜力分析

东盟成员方中入境中国游客量排名前五的分别是马来西亚、菲律宾、新加坡、泰国和印度尼西亚。2003年入境中国的马来西亚游客总量为43.01万人次，同比下降27.40%。随着非典疫情的结束，2003年后开启快速增长模式，2004年实现年增长率72.49%，至2007年达到小峰值106.2万人次，年增长率16.63%。受金融危机影响，2008年和2009年的游客数量降至104.05万人次和105.9万人次。2010年实现小幅反弹后再次下降，到2015年为107.55万人次，同比下降4.82%。后于2016年开始呈现增长态势，到2018年入境中国游客总量升至129.15万人次，同比增长4.73%。总体而言，2003~2018年，马来西亚入境中国游客总量呈现增长态势，年平均增长率为6.63%，在入境我国的游客总量中占比保持在4.34%，在亚洲入境我国总游客中的比重保持在6.99%，数值稳定，虽有波动但起伏不大，近年来仍有增

---

① 今年前8个月赴越南外国游客数量下降三分之二［EB/OL］．［2020 - 12 - 10］．http：//tradeinservices. mofcom. gov. cn/article/tongji/guoji/202009/108818. html.

长态势，是我国重要的客源国之一①。

2003 年，菲律宾入境中国游客量为 45.77 万人次，受非典疫情影响同比下降 10.01%，此后开始稳步增长，至 2007 年达到 83.3 万人次，同比增长 10.29%，四年平均增长率为 16.26%。受金融危机影响，2008 年和 2009 年菲律宾入境中国游客量呈现小幅下跌。2010～2018 年菲律宾入境中国游客数量呈现直线增长态势，虽于 2014 年出现小幅下降，但九年来平均增速为 5.52%，到 2018 年达到峰值，为 120.5 万人次，同比增长 3.12%。总体而言，2003～2018 年菲律宾入境中国游客数量呈平稳增长态势，年平均增长率为 5.90%，占入境我国游客总量的 3.55%，占亚洲入境我国游客数量的平均比重为 5.72%，占比波动不大，但值得一提的是近年来占比上升，展现了良好的未来预期②。

2003 年，新加坡入境中国游客量为 37.81 万人次，受疫情影响同比下降 23.94%。2004～2007 年进入快速增长期，四年平均增速为 27%。2004 年是增幅最快的一年，达到 63.68 万人次，年增长率高达 68.42%，2007 年新加坡入境中国游客数量达到 92.2 万人次，同比增长 11.37%。受金融危机影响，2008 年新加坡入境中国游客数量降至 57.58 万人次，同比下降 5.01%。2010 年新加坡入境中国游客量回升，至 2011 年达到近年来的峰值，为 106.3 万人次，同比增长 5.91%。2011 年后人数开始下降，2015 年将至低谷，为 90.53 万人次。近年来新加坡来华旅游市场开始回暖，2018 年入境游客人数为 97.84 万人次点，增长率为 3.95%。总体来看，2003～2018 年，新加坡入境中国游客数量年平均增长率为 5.73%，占入境中国游客总量的比重平均为 3.61%，占亚洲入境中国游客总量的平均值为 5.82%，2018 年以来，占比有上涨态势，随着进一步合作与交流的加深，新加坡入境中国游客数量有望继续上升。

2003 年，泰国入境中国游客量为 27.54 人次，同比下降 28.71%，非典疫情之后同样呈现快速增长态势，2004 年增至 46.42 万人次，年增长率高达 68.55%。2007 年达到小峰值 61.16 万人次，同比增长 3.31%。受 2008 年金

①② 国家统计局. 中国统计年鉴 2019 ［M/OL］. 北京：中国统计出版社. ［2022 - 12 - 11］. http：//www. stats. gov. cn/sj/ndsj/2019/indexch. htm.

融危机影响，人数下降为 55.4 万人次，同比下降 9.37%。2010 年，入境旅游人数开始反弹，达到 63.55 万人次。2015 年，游客量结束波动期，开始呈现逐步增长态势，到 2018 年达到 83.3 万人次，年增长率为 7.30%，为近年来最高值。总体来看，2003～2018 年，泰国入境中国游客量年平均增长率为 6.59%，占中国入境游客总量的平均值为 2.51%，占亚洲入境中国游客量的比重为 4.04%，数值较为稳定，但 2018 年有下降趋势①。

2003 年，印度尼西亚入境中国游客量为 23.18 万人次，受疫情影响同比下降 15.62%。2003～2018 年入境中国游客量整体呈现增长态势，年平均增长率为 7.09%。2008 年与 2015 年人数出现明显下降，2008 年为 42.63 万人次，同比下降 10.65%，2015 年为 54.48 万人次，同比下降 3.92%。总体来说，印度尼西亚入境中国游客量占中国入境游客总量的平均比重为 2.11%，占亚洲入境中国游客总量的平均比重为 3.40%，数值波动不大②。相较而言，马来西亚、菲律宾、新加坡、泰国和印度尼西亚五国入境中国游客数量的变化呈现相似的波动模式（见图 7.1）。

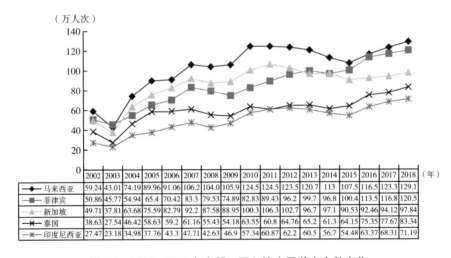

图 7.1　2002～2018 年东盟五国入境中国游客人数变化

①②　国家统计局. 中国统计年鉴 2019 ［M/OL］. 北京：中国统计出版社. ［2022 - 12 - 11］.
http：//www. stats. gov. cn/sj/ndsj/2019/indexch. htm.

7.1.3　中国与东盟旅游互动潜力分析

中国与东盟自 1991 年建立对话关系以来，陆续签署了一系列重要文件。1997 年，中国 – 东盟双方确立面向 21 世纪的睦邻伙伴关系，签署了《中华人民共和国与东盟国家首脑会晤联合声明》，揭开了中国 – 东盟对话关系的序幕；2003 年，中国与东盟签署《中国和东盟国家领导人关于面向和平与繁荣的战略伙伴关系的联合宣言》，明确与东盟建立面向和平与繁荣的战略伙伴关系，致力于促进中国和东盟睦邻友好的互利合作；2017 年，中国和东盟双方同意发表《中国和东盟战略伙伴关系 2030 年愿景》，进一步深化中国东盟战略伙伴关系，提升合作的信心；2021 年 11 月 22 日举行的中国 – 东盟建立对话关系 30 周年纪念峰会，重申了通过密切双方合作为中国和东盟共建互利未来，就进一步提升双方战略伙伴关系达成了重要共识。这为双方人员互通、经济往来、旅游服务贸易的发展提供了良好的政治和制度背景。2022 年，作为东盟近邻和全面战略伙伴，中国发表了《中国支持东盟中心地位的立场文件》，对东盟轮值主席国的最大支持是中国始终的态度和行动。一系列文件的签署，可见双方关系不断深化，这为双方关系逐步推进、开展更深层次合作奠定了坚实基础。

2022 年以来，在 RCEP 协定下，我国同东盟务实开展各项经贸合作，持续推动基础设施互联互通，加上区域产业链稳定恢复以及中国积极扩大从东盟进口农产品等因素共同作用下，中国与东盟货物贸易迅速增加。2022 年 1 ~ 7 月，中国与东盟贸易额达到 5 449 亿美元，同比增长 13.1%，占中国外贸进出口总额的比重提高到 15%[①]。中国连续 13 年成为东盟最大贸易伙伴，东盟作为中国最大贸易伙伴地位进一步巩固。截至 2022 年 7 月底，中国与东盟累计双向投资额超过 3 400 亿美元，中国与东盟已成为相互投资最活跃

---

① 中国东盟经济统计 [EB/OL]. [2022 – 12 – 12]. http：//asean. mofcom. gov. cn/article/o/r/202209/20220903344939. shtml.

的合作伙伴①。货物贸易往来的增加和双向投资的活跃为中国和东盟旅游服务贸易的进一步发展奠定了良好的基础。

中国是东盟最大的旅游客源国，东盟也是中国游客最喜爱的旅游目的地之一。良好的睦邻友好关系加上经济体量庞大的贸易与投资，会极大促进中国与东盟各国人口往来与文化交流。据中国经济网统计数据，2018 年中国东盟双方人员往来达到 5 700 万人次，每周近 4 000 个航班往返于中国和东盟国家之间，双边往来再创届时新高②。随着中国东盟双方在跨境游方面新项目不断落地，旅游产业合作更上新台阶，不断推出的旅游目的地推介、旅游博览会等，中国与东盟双方的旅游活动会进一步深入广大人民群众的视野。并且伴随着中国东盟双方经济的互动发展，人们可支配收入与闲暇时间会不断增多，届时出于对美好文化生活的需要，旅游及跨国旅游活动会越来越变得可行及平常，庞大的人口数量与长期互动的良好关系是中国东盟双方旅游互动贸易潜力的又一坚实基础。

从交通通达度方面来看，2016 年是中国－东盟建立对话关系 25 周年，中国东盟双方始终把交通合作发展作为最务实、最广泛的机制。2015 年，一批铁路、公路、桥梁、港口等交通运输领域的互联互通项目稳步推进，使得陆运、海运、航空运输等多种运输方式更加便利，为中国东盟双方的经贸合作与人民人口往来与文化交流作出了重要贡献。2016 年中国－东盟交通部长会议继续指出完善基础设施联通网络，推进铁路、公路、跨境桥梁等项目的实施，促进海陆空运输更加便利，跨境客货运输服务更加完善。2019 年 9 月，中国东盟综合交通国际联合实验室成立，实验室重点突出区域交通发展战略及协调发展技术和新型交通方式及工具开发与应用等研究方向。中国东盟双方不断深化交通领域的合作，为完善交通基础设施，便利客货交通往来不断做出新的努力。中国东盟双方旅游资源丰富各具特色，伴随着交通通达度不断提高的红利，中国东盟双方的人口往来与文化交流会进一步得到

---

① 中国－东盟经贸合作暨第 19 届中国－东盟博览会新闻发布会［EB/OL］．［2022－12－12］．http：//www.scio.gov.cn/xwfb/gwyxwbgsxwfbh/wqfbh_2284/2022n_2285/48923/.

② 中国和东盟双边往来再创新高［EB/OL］．［2022－12－12］．http：//intl.ce.cn/specials/zxgjzh/201908/16/t20190816_32923124.shtml.

提升。

总体来看，中国与东盟旅游服务贸易潜力很高，中国与东盟成员方距离相对较近，交通便利；东盟国家气候以热带气候为主，晴天多，热带风情浓郁；部分东盟国家由于受我国文化影响大，文化相近，语言沟通障碍小；部分成员方物价低，旅游花销低。2021 年是中国东盟建立对话关系 30 周年，随着疫情得到控制、疫苗接种率提高，中国与东盟旅游服务贸易具备了再次快速发展的潜力。

7.2　中国与日本旅游服务贸易潜力分析

日本国，简称日本，首都东京，是位于太平洋西岸的一个由东北向西南延伸的弧形岛国。日本是高度发达的现代化国家，在汽车、钢铁、机床、造船、电子和机器人等产业在世界上有着强大的竞争优势。此外日本电力、电信基础设施完善，高速公路、铁路、航空、海运等交通设施便利，市场规模较大，2022 年日本实际国内生产总值约 546 万亿日元，实际增长率为 1.1%，外汇储备 12 276 亿美元①。

中日是重要近邻。1972 年，中日双方签署发表《中华人民共和国政府和日本国政府联合声明》，实现邦交正常化。1978 年，中日双方缔结《中日和平友好条约》。中日双方发表《中日关于建立致力于和平与发展的友好合作伙伴关系的联合宣言》，2008 年，中日发表《中日关于全面推进战略互惠关系的联合声明》，正是这四份政治文件构成中日关系的政治基础。2020 年是中日邦交正常化 50 周年，半个世纪来中日两国经济、贸易等方面的合作越发紧密。日本地理位置与我国相邻，文化与我国差异较小，中日旅游服务贸易具有良好的基础与发展潜力。

中日两国地理邻近、交通便捷，两国首都直线距离 2478 公里，直飞时间约 3 小时。交通时间短，旅程成本低，且北京、东京时差仅 1 小时，对于

---

① 日本国家概况 ［EB/OL］．［2022－12－12］．https：//www. fmprc. gov. cn/web/gjhdq_676201/gj_676203/yz_676205/1206_676836/1206x0_676838/．

旅行者来说可以更好地适应当地时间，这是中日旅游服务贸易发展的一大有利条件。中国同日本之间贸易往来密切，双边服务贸易额不断增长，但中国对日本服务贸易增长速度低于中国整体服务贸易增长速度。我国服务业的进出口额由 2007 年的 2 654.5 亿美元增至 2018 年的 7 918.8 亿美元，增长了近 3 倍。但 2007 年中国对日本服务业的进出口额为 162.97 亿美元，到 2018 年中国对日本服务业的进出口额为 373.11 亿美元，进出口额增长仅约 2.29 倍；同日本的服务贸易从 2007 年贸易逆差的 81.56 亿美元增至 2018 年贸易逆差的 149.09 亿美元[①]。

7.2.1　日本入境旅游市场潜力分析

7.2.1.1　日本入境旅游市场潜力的推动因素分析

作为亚洲最早跻身发达国家行列的国家，日本无论是在服务行业还是在更加细分化的旅游领域，发展都很健康稳定。日本是全球旅游业最发达的国家之一，政府高度重视观光旅游业发展，2007 年的《观光立国推进基本法》以法律形式确立了旅游业发展的战略地位，同时日本历史悠久、风景优美、经济发达，有着丰富的旅游资源，例如富士山是日本精神、文化的经典象征之一，山体高耸入云，白雪皑皑，"雪如纨素烟如柄，白扇倒悬东海天"。日本著名活火山、位于九州岛熊本县的阿苏山是旅居交流型温泉胜地。被列为日本三井之一的小岛群松岛，其松岛四大观知名度高，是知名的旅游景点。日本全国各地种植樱花，每当樱花开的季节，从南至北北上赏樱，樱花凋零飘谢时的绚丽灿烂凄婉，充满着意境与氛围感，吸引着众多旅游爱好者前往。此外日本还有丰富的历史景观，比如仿照巴黎埃菲尔铁塔建造而成的东京铁塔，塔上设有展望台，可将东京的景致尽收眼底。东京都内最古老的寺院浅草寺、安土桃山时代的大阪城天守阁、将日本传统完整保存的白山历史乡村，以及古建筑金阁寺、银阁寺等，充满了日本古代风情与韵味。而日本

---

① 国家统计局. 中国统计年鉴 2019 ［M/OL］. 北京：中国统计出版社. ［2022 – 12 – 12］. http://www.stats.gov.cn/sj/ndsj/2019/indexch.htm.

的人文旅游资源也同样颇具特色，源于中国的茶道在日本经过本土化后，成为具有其特色的文化艺术。

日本的动漫以其制作精良、画面优美、音乐动听著称，对中国乃至世界的动漫爱好者都产生了极大吸引力。2014 年，中国对日本电视剧进口额达到 85 462 万元之多，为近十年来顶峰。如表 7.1 所示，2020 年进口额为 2 793.22 万元，年增长率为 26.28%，呈现上升趋势。2018 年，中国对日本动画片进口额达到峰值，为 156 068 万元，年增长率为 184.14%。2019 ~ 2020 年进口额有所下降，2019 年为 26 184 万元，降幅 83.22%，2020 年为 24 609.74 万元，降幅 6.01%，下降态势放缓。2013 ~ 2020 年，中国对日本动画片进口额年平均增长率为 124.67%[①]。中国赴日游客占中国出境游客总量的比重自 2013 年后呈现出连年上升趋势。2015 年中国超越韩国成为日本的第一大游客客源国。2019 年，日本入境游客 3 188 万人次，其中中国游客占 30.1%，达 959 万人次，中国游客总消费额达 17 704 亿日元，占访日外国游客消费总额的 36.8%，是访日外国游客中消费最高的群体。中国游客人均购物额高达 10.9 万日元，是访日外国游客人均购物额 5.3 万日元的 2.1 倍，可见中国游客已成为日本旅游市场主力，为日本旅游经济发展作出了积极贡献[②]。

表 7.1　　　　　2012 ~ 2020 年中国对日本电视节目进口额　　　单位：万元

年份	从日本进口电视节目总额	从日本进口电视剧总额	从日本进口动画片总额
2012	3 086.07	2 084.00	821.24
2013	2 291.70	-	1 970.09
2014	93 939.99	85 462.00	8 384.18
2015	38 955.03	627.53	38 083.72
2016	84 430.59	671.00	82 237.12

---

① 电视节目进口总额 [EB/OL]. [2022 - 12 - 12]. https://data. stats. gov. cn/easyquery. htm? cn = C01&zb = A0Q0J01&sj = 2021.

② 出入 (归) 国者数 [EB/OL]. [2022 - 12 - 13]. https://www. e - stat. go. jp/stat - search/files? page = 1&layout = datalist&toukei = 00250011&tstat = 000001012480&cycle = 7&year = 20190&month = 0&tclass1 = 000001012481.

年份	从日本进口电视 节目总额	从日本进口电视 剧总额	从日本进口动画 片总额
2017	57 694.41	2 743.00	54 926.12
2018	159 743.00	2 627.00	156 068.00
2019	28 766.00	2 212.00	26 184.00
2020	27 580.33	2 793.22	24 609.74

7.2.1.2 日本入境旅游市场潜力的制约因素分析

日本是一个弧形岛国，总面积只有 37.8 万平方千米，却生活着约 1 亿 2 550 万人口（截至 2022 年 10 月）①。受限于国土面积，未来几年，容量限制或将成为日本旅游业增长的最严重障碍。东京、京都和大阪三大城市的酒店入住率都接近饱和，日本两大机场羽田机场和成田机场的利用率也分别高达 95% 和 86%。酒店与机场服务是制约国际旅游发展的关键要素，一旦过载，其沉重的运营压力将成为日本入境旅游发展的一项重要制约因素。

日本频发的自然灾害是日本发展入境旅游的另一大阻力。日本位于亚欧板块和太平洋板块的消亡边界，即环太平洋火山地震带，为西太平洋岛弧 - 海岸山脉 - 海沟组合的一部分，火山、地震活动频繁。全国 68% 的地域是山地，全球有 1/10 的火山位于日本。据统计，全球里氏 6 级以上的地震中，超过二成发生在日本，危害较大的地震平均每 3 年就要发生 1 次。地震、火山、海啸等自然灾害事件频发，增加了游客对赴日旅游的风险感知，在一定程度上降低了游客赴日旅游的意愿。例如 2011 年日本大地震和海啸引发核泄漏事故，致使当年中国赴日访客同比大幅下降，对当地旅游产业造成一定的冲击。

同时，疫情等公共卫生事件的影响也至为重要。2003 年，受非典疫情影响，各国政府严格控制公民出入境，日本入境游客下降至低谷，为 225.48

---

① 日本国家概况 ［EB/OL］.［2022 - 12 - 13］. https：//www. fmprc. gov. cn/web/gjhdq_676201/gj_676203/yz_676205/1206_676836/1206x0_676838/.

万人次, 比 2002 年下降 22.93%①。2020 年新冠疫情的暴发导致日本国际旅游服务贸易额剧减, 日本旅游市场已大幅萎缩。2022 年约 50 万外国游客入境日本, 相比之下, 2019 年入境日本的外国游客达 3180 万人。2022 年 2 月日本游客出国旅游人数 131 万人次, 而到同年 3 月下降至仅有 27 万人次②, 疫情一方面影响着入境游客的数量, 另一方面影响着旅游和服务行业从业人员的数量, 供给与需求两方的叠加效应使得旅游服务贸易开展颇为艰难。

7.2.2　日本出境旅游市场潜力分析

2002 年日本入境中国游客量为 292.56 万人次, 受非典疫情影响, 2003 年降至 225.48 万人次, 降幅为 22.93%。疫情结束之后, 日本入境中国游客量呈现增长态势, 2007 年日本访华游客人数为 397.75 万人次, 同比增长 6.18%。但 2008 年金融危机爆发, 降低了旅游消费意愿, 导致旅游人数持续走低。2008 年与 2009 年日本访华游客数量下降, 2008 年为 344.61 人次, 比 2007 年下降 13.36%, 2009 年为 331.75 万人次 (见图 7.2)③, 比 2008 年下降 3.73%。从国际旅游贸易的整体发展来看, 日本的旅游进口额在 2006 年和 2007 年均出现较大幅度的下降, 降幅分别为 24.4% 和 25%; 而出口额的降幅也分别达 28.2% 和 17.1%。2007 年, 日本旅游出口额和进口额分别为 0.82 万亿日元和 2.34 万亿日元。金融危机的影响消退后, 2010 年日本旅游进出口人数开始反弹, 增至 373.12 万人次, 同比增长 12.47%④。

---

① 出入 (归) 国者数 [EB/OL]. [2022 - 12 - 13]. https: //www. e - stat. go. jp/stat - search/files? page = 1&layout = datalist&toukei = 00250011&tstat = 000001012480&cycle = 7&year = 20030&month = 0&tclass1 = 000001012481&result_back = 1&cycle_facet = tclass1&tclass2val = 0.

② 出入 (归) 国者数 [EB/OL]. [2022 - 12 - 13]. https: //www. e - stat. go. jp/stat - search/files? page = 1&layout = datalist&toukei = 00250011&tstat = 000001012480&cycle = 7&year = 20220&month = 0&tclass1 = 000001012481&result _ back = 1&cycle _ facet = tclass1% 3Acycle&tclass2val = 0&metadata = 1&data = 1.

③ 国家统计局. 中国统计年鉴 2019 [M/OL]. 北京: 中国统计出版社. [2022 - 12 - 14]. http://www. stats. gov. cn/sj/ndsj/2019/indexch. htm.

④ 国家统计局. 中国统计年鉴 2011 [M/OL]. 北京: 中国统计出版社. [2022 - 12 - 14]. http://www. stats. gov. cn/sj/ndsj/2011/indexch. htm,

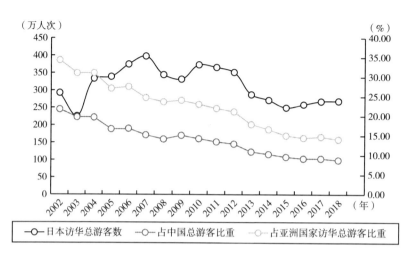

图 7.2　日本访华游客人数及占比情况（2002～2018 年）

但 2011～2015 年，日本访华游客人数持续下降，到 2015 年降至 249.77 万人次。2016～2018 年开始呈现增长态势，但增速不明显，三年平均增长率为 2.53%。2002～2018 年，日本游客访华人数年平均增长率为 0.54%。但由于中国入境游客总人数保持增长态势，因此日本访华游客占中国入境总游客的比重和占亚洲访华游客人数的比重均呈现下降态势。2002 年日本访华游客占中国入境游客总量的比重为 21.77%，但到 2018 年降至 8.81%。2002 年日本访华游客占亚洲访华游客总人数的比重为 34.34%，到 2018 年降至 14.08%。日本游客在中国入境游客总量与亚洲入境游客总量中的比重连年下降，年平均下降率为 5.3%，反映出日本市场对中国入境旅游需求的下滑①。

7.2.3　中国与日本旅游互动潜力分析

中日旅游服务贸易的发展在很大程度上受到双方政府态度的影响。2021 年 11 月，时任商务部副部长任鸿斌与日本外务省外务审议官铃木浩以视频方式共同主持召开第 15 次中日经济伙伴关系磋商，双方就两国经济形势、

① 国家统计局. 中国统计年鉴 2019［M/OL］. 北京：中国统计出版社.［2022-12-14］. http://www.stats.gov.cn/sj/ndsj/2019/indexch.htm.

中日经贸合作及其他各自关注问题坦诚务实交换意见，就推动构建契合新时代要求的中日关系达成重要共识，为两国经贸合作发展指明了方向。指出双方应以 2022 年中日邦交正常化 50 周年为契机，落实两国领导人重要共识，加强经济政策沟通，积极拓展领域合作，共同维护全球产业链供应链稳定和公平开放的贸易投资环境，维护多边贸易，推动区域经济一体化发展，为本地区和世界经济恢复与发展作出贡献。铃木浩表示，日中两国互为重要经贸伙伴，两国领导人指出应共同努力构建契合新时代要求的建设性的、稳定的日中关系。希望加强双方经济合作和民间交流，就国际经济问题保持沟通。

2022 年 1 月 1 日，RCEP 在中国、日本、澳大利亚、新西兰及东盟正式生效，这标志着全球最大的自由贸易区顺利启航，RCEP 生效为深化中日经贸合作创造了新的条件。此外 2020 中日博览会在大连开幕，通过举办高质量中日经贸文化交流活动，促进双方服务贸易发展，并且 2021 年大连成功入选 2024 年"东亚文化之都"候选城市，对于拓展对外交流领域，弘扬中华优秀传统文化和传播中华好形象有着积极意义。

2022 年是中日邦交正常化 50 周年，在两国政府和人民的共同努力下，各领域交流合作不断深化，经贸合作是中日合作的重中之重，两国旅游服务贸易是经贸合作的重要组成部分。日本政府表示，考虑到入境管控政策已放宽、日元急剧贬值等因素，政府将访日游客年消费额目标定为 5 万亿日元，自 2022 年 10 月 11 日起恢复外国旅客自由行动，最大限度发挥日元贬值优势。日元贬值会提高中国游客购买力，刺激赴日旅游消费的需求。同时日本正在大力发展乡间度假旅游，这一旅游新形态具有绿色生态、远离人群的特色，可以满足后疫情时代游客的安全需求。总体而言，中日两国旅游服务贸易潜力可期，中日两国出入境旅游将获得长足发展。

7.3　中国与韩国旅游服务贸易潜力分析

韩国是我国近邦，中韩两国隔海相望，首都直线距离 945 千米，花费在行程上的时间短、费用少，方便快捷。邻近的地理位置是两国旅游服贸易顺利开展的有利因素，国内重要城市都开通了去韩国首尔的航班，例如北京市、天津市、济南市、沈阳市、青岛市、南京市、武汉市、成都市、广州市等。从沈阳市出发约 1 小时 45 分钟直达首尔，从广州天河机场飞往首尔也仅需 3 小时。从韩国出发，仁川、大邱、釜山、济州都有通往中国的航班。2023 年中韩建交 31 年，中国早已是韩国最大贸易伙伴国。中韩两国在经济货物贸易上的往来愈加频繁，促进了中韩两国的经济发展和繁荣，也因此带动了旅游服务贸易的发展。

7.3.1　韩国入境旅游市场潜力分析

7.3.1.1　韩国入境旅游市场潜力的推力因素分析

韩国自然旅游景观丰富，其中最著名的就是韩国最大的岛屿济州岛，被称为"蜜月之岛""韩国夏威夷"。美丽的风景和新潮的文化吸引着国内外游客前往。济州岛拥有波涛蔚蓝的大海、白色的沙滩和绿色植被，交相辉映，非常浪漫。济州岛夏天还举办盛夏海滨节、七仙女节等，更是引人入胜。以海岸观光为主题的釜山，同样是韩国著名的自然旅游景观，海水浴场和海岸公园的独特景致、乘坐游艇快艇的游玩方式、海洋自然史博物馆的文化观光和釜山世界杯体育场等，可以满足不同年龄、不同兴趣的游客的旅游需求。此外，韩国自然旅游资源中的 122 个温泉更是大自然的馈赠，SPA 疗法、泡泡疗法等都是极具特色的旅游项目。

韩国人文旅游景观同样丰富。拥有庆尚北道的安东市，是朝鲜半岛儒家思想的摇篮，庆尚北道的安东烧酒和面具是韩国著名的非物质文化遗产。新罗千年古都庆州，有"不设防博物馆"之称，拥有佛国寺、国立庆州博物馆等文化旅游地。首尔是韩国首都和最大的城市，是全球繁华的现代大都市和世界著名旅游城市之一，但同时也保存着朝鲜王朝时期的风貌，现代风光与历史情怀交织错杂。此外韩国料理称得上是韩国的特色旅游资源，韩国烤肉、海鲜生鱼片、泡菜等特色美食，吸引了大批美食旅游爱好者。同时，以"韩流"为代表的韩国文化产业已成为韩国经济体系的重要一环。经济与合作组织（OECD）发布的数据显示，韩国是世界第七大文化创意国，2021 年文化产品销售额达 1 140 亿美元, 出口额为 103 亿美元。韩国文化产业十分重视中国市场, 韩剧、电影、流行音乐、偶像明星等被中国年轻人所熟知, 因此带动很多年轻人赴韩国旅游体验文化。

韩国旅游业的优势之一在于提炼鲜明的韩国文化特色, 并将其历史与文化融入旅游活动中来, 实现高质量的文旅融合。例如全州韩屋村重点推荐的韩服体验, 能使游客更好地融入韩国文化活动中, 体验韩国古代文化风情。又比如 2022 年韩国养生旅游节, 通过丰富多彩的民俗活动, 旨在追求改善健康状况和提高生活质量, 并开展免费体验活动。

7.3.1.2　韩国入境旅游市场潜力的制约因素分析

韩国国土面积 10.329 万平方千米, 常住人口为 5 162.8 万人①。韩国知名的旅游景观有韩国夏威夷之称的济州岛、海岸观光主题的釜山、庆尚北道的安东市、新罗千年古都庆州, 韩国最大的城市首尔等, 旅游资源具有韩国文化景观特色, 但不可不提的是同样受限于国土面积, 使得韩国旅游资源相对匮乏, 并且在入境游客接待能力上, 由于较大的人口密度, 会存在一定的国际旅客入住压力。据韩国文化体育观光部数据显示, 截至 2019 年底, 韩国的观光型酒店共计 1 050 家, 按地区分布来看, 首尔的酒店数量最多为333 家, 济州道以 127 家位居第二, 其余城市观光型酒店数量比之较少②。

不可控的自然灾害也是韩国发展入境旅游的一个隐患, 以韩国旅游胜地济州岛而言, 由于地处火山带, 地震和台风等自然灾害时有发生。2019 年济州岛遭遇了强台风 "慕尼", 导致相关旅游景点关闭、航班取消, 给韩国旅游业带来了不小的损失。

7.3.2　韩国出境旅游市场潜力分析

中韩两国文化交流颇深, 有着悠久的历史文化传统, 受中国文化的影

---

① 韩国国家概况 [EB/OL]. [2022-12-15]. https://www.fmprc.gov.cn/web/gjhdq_676201/gj_676203/yz_676205/1206_676524/1206x0_676526/.

② 韩国观光酒店数量近 7 年增五成 [EB/OL]. [2022-12-15]. https://www.mcst.go.kr/kor/s_notice/notice/noticeList.jsp? pCurrentPage=1&pSearchType=&pSearchWord=&pTypeDept=&pFlagJob=N.

响，韩国文化同样受到儒家思想的熏陶，奉行仁义礼智信的行为标准。随着中国国家实力的提升，国家地位的上升，汉语也越来越多地被韩国人所学习，随之而来的是很多韩国人到中国旅游和留学，体验中国的传统文化、自然美景和现代城市风光。2003 年，韩国入境中国游客总量为 194.55 万人次，2003~2007 年呈现急剧增长态势，四年平均增长率为 25.82%，到 2007 年增至 477.71 万人次，同比增长 21.74%，为 20 年来峰值。受金融危机影响，2008~2009 年韩国访华游客人数开始下降，2008 年为 396.04 万人次，同比下降 17.1%，2009 年为 319.75 万人次，同比下降 19.26%。2010 年金融危机影响消退，一直到 2016 年，韩国访华游客总量整体呈现增长态势，到 2016 年达到 477.53 万人次，同比增长 7.45%。而 2017 年韩国访华游客量再次降至 386.37 万人次，同比下降 19.09%[①]。

2003~2018 年，韩国访华游客总量年平均增长率为 5.75%，总体呈现增长态势。并且韩国访华游客占中国入境游客总量的比重与占亚洲入境游客总量的比重变化曲线大致相仿（见图 7.3）[②]，占比值在 2007 年达到峰值，占中国入境总游客比重为 18.3%，占亚洲入境总游客比重为 29.74%。2002~

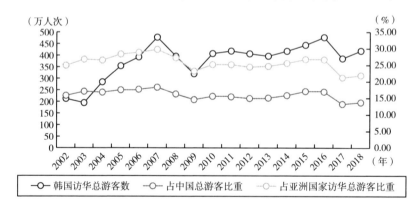

图 7.3 2002~2018 年韩国访华游客量及占比情况

---

① 国家统计局. 中国统计年鉴 2019 [M/OL]. 北京：中国统计出版社. [2022-12-15]. http://www.stats.gov.cn/sj/ndsj/2019/indexch.htm.

② 国家统计局. 中国统计年鉴 2019 [M/OL]. 北京：中国统计出版社. [2022-12-16]. http://www.stats.gov.cn/sj/ndsj/2019/indexch.htm.

2018 年，韩国访华游客总量占中国入境游客总量的平均比重为 16.01%，占亚洲入境游客总量的平均比重为 25.78%。在外国人入境中国的游客中，韩国游客一直是强有力的贡献者。2018 年韩国访华游客总人次为 419.35 万人次，同比增长 8.53%，占中国入境游客总量的 13.37%，占亚洲入境游客总量的 21.93%，韩国访华游客量开始回暖，并呈现出不断增长的态势①。

全球性金融经济危机的潜在风险，也不可避免地降低了韩国游客出境旅游的次数和意愿，对中韩两国旅游人数的总量和国际旅游外汇收入都产生了相当程度的负面影响。2003 年中国入境游客总量达 1 344 万人次，到 2016 年整体呈现上涨趋势。而 2007～2009 年，受金融危机的影响，中国入境游客总量分别降至 2 611 万人次、2 432 万人次和 2 194 万人次。受金融危机影响，2007 年访华韩国游客占中国入境游客总量的比重为 15.2%，人数为 397 万人次，创下近年来的最低值②。

7.3.3　中国与韩国旅游互动潜力分析

据东盟秘书处通报，RCEP 于 2022 年 2 月 1 日对韩国正式生效。据统计，对 RCEP 成员方出口额占韩国整体出口额的一半。2022 年 1 月 1 日起，RCEP 对文莱、柬埔寨、老挝、新加坡、泰国、越南、中国、日本、新西兰和澳大利亚 10 国已正式生效。RCEP 现有 15 个成员方，包括中国、日本、韩国、澳大利亚、新西兰 5 国以及东盟 10 国，从人口数量、经济体量、贸易总额三方面看，均占全球总量的约 30%。加入 RCEP 无疑将为中韩服务贸易的开展摒除不必要的贸易障碍，促进中韩两国旅游服务贸易工作的开展。2022 年 7 月 13 日，中国商务部与韩国产业通商资源部以视频方式举行自贸协定第二阶段谈判首席谈判代表会议。双方就跨境服务贸易、投资和金融服务等议题规则和负面清单市场准入问题开展深入磋商，取得积极进展。双方

　①　国家统计局 . 中国统计年鉴 2019 ［M/OL］. 北京：中国统计出版社 . ［2022 - 12 - 16］. http://www.stats.gov.cn/sj/ndsj/2019/indexch.htm.

　②　国家统计局 . 中国统计年鉴 2010 ［M/OL］. 北京：中国统计出版社 . ［2022 - 12 - 16］. http://www.stats.gov.cn/sj/ndsj/2010/indexch.htm.

认为，中韩互为重要经贸伙伴，积极推进中韩自贸协定第二阶段谈判，早日取得实质性成果，将提升双边服务贸易和投资的开放与合作水平，进一步激发两国贸易潜力，推动中韩经贸关系迈上新台阶。积极正向的邦交活动对于中韩两国旅游服务贸易潜力的激发有着不可或缺的作用。

民心相通是消除隔阂的根本之路，而旅游无疑是促进民间交流的最好方式。中韩两国应大力推动双边旅游互动的高质量发展，促进两国旅游经济增长，并进一步加深两国民间情谊。

总体而言，中韩两国贸易潜力巨大，在旅游贸易中各有获利，但双边旅游发展也存在一些制约因素。中韩两国应在旅游服务贸易方面展开更加密切的合作，克服意识形态偏见，共克时艰克服疫情阻碍，推动两国旅游和经济发展，从而提升经济利益，促进中韩友好往来，这对于政治经济文化环境等多方面都有着重要意义。

7.4 中国与澳大利亚和新西兰旅游服务贸易潜力分析

澳大利亚和新西兰都是位于大洋洲的国家，地理位置邻近、气候大同小异，旅游资源相似度高。北京距离澳大利亚首都堪培拉直线距离 9 000 千米，时差 3 小时；距离新西兰首都惠灵顿直线距离 10 793 千米，时差 5 小时。

7.4.1 澳大利亚和新西兰入境旅游市场潜力分析

7.4.1.1 澳大利亚和新西兰入境旅游市场潜力的推力因素分析

澳大利亚联邦简称澳大利亚，位于南太平洋和印度洋之间，海岸线长 36 735 千米，国土面积 769.2 万平方千米，是世界上唯一一个国土覆盖了整个大陆并且与其他国家相独立的岛国。北部属热带，大部分属温带。2021 年澳大利亚人口 2 577 万人，人均生产总值 60 057 美元①。澳大利亚有着丰富的海洋旅游资源。其中比较著名的海洋景观有大堡礁、黄金海岸、企鹅岛、弗雷泽沙岛等。之外由于其早期生态环境破坏较少，很多生物都因此留存于世，考拉、袋鼠、鸭嘴兽等澳大利亚独有的生物物种，为澳大利亚发展生态旅游提供了充足的物质条件。澳大利亚同样拥有绝佳的现代城市风光，著名的悉尼歌剧院、花园城市墨尔本、黄金海岸的沙滩度假、南半球的迈阿密冲浪天堂、电影节美食节嘉年华、独特的英国风情与葡萄酒文化等。澳大利亚旅游资源十分丰富，国际知名度高，澳大利亚政府也大力促进旅游业发展。

新西兰是位于大洋洲的一个岛国，国土面积较小，约 27 万平方千米，新西兰绝大部分属于温带海洋性气候，有着丰富的自然景观资源：基督城的园林、众多美丽宁静的湖泊、丰富的物种（海豚、企鹅）。新西兰是发达国家，2021 年新西兰人口 512.3 万人，地广人稀并不会有拥挤的感觉，2020 年国内生产总值为 3 220 亿新元，人均国内生产总值约 6.3 万新元②。新西兰有着别样风味的人文景观：风景秀丽的乡野农场、别具风味的毛利表演艺术、历史浓郁的公共艺术画廊、包罗万象的艺术剧团、传统美食、醇厚的葡萄酒与享誉世界的品牌服装。此外新西兰别具风格的极限运动也是吸引外来游客的一大特色：惊险刺激的蹦极、跳伞、洞穴探险、漂流、喷射快艇与较为温和的热气球观光。尽管新西兰是一个年轻的国家，但其丰富的自然和人文景观能使旅游偏好不同的旅行者尽享其中，意犹未尽。旅游业是新西兰的支柱产业。2019 年旅游业已经超过乳制品行业，成为新西兰最大外汇收入来源，去年旅游收入达 162 亿新西兰元，其中 17 亿新西兰元由中国游客贡献③。

7.4.1.2　澳大利亚和新西兰入境旅游市场潜力的制约因素分析

地理位置较远和交通便捷性较差是制约澳大利亚和新西兰两国入境旅游

---

① 澳大利亚国家概况［EB/OL］.［2022 – 12 – 17］. https：//www. mfa. gov. cn/web/gjhdq_676201/gj_676203/dyz_681240/1206_681242/1206x0_681244/.

② 新西兰国家概况［EB/OL］.［2022 – 12 – 17］. https：//www. mfa. gov. cn/web/gjhdq_676201/gj_676203/dyz_681240/1206_681940/1206x0_681942/.

③ 中国人赴新西兰旅游青睐"个性化深度游"［EB/OL］.［2022 – 12 – 17］. http：//tradeinservices. mofcom. gov. cn/article/news/gjxw/201910/91865. html.

发展的主要因素。澳大利亚与新西兰所在的大洋洲，其名称本意为"被大洋环绕的陆地"，处于太平洋中部和中南部的赤道南北广大海域中，西邻印度洋，东临太平洋，并与南北美洲遥遥相对。"海中孤岛"的独特地理位置使得飞机和轮船成为境外游客前往两国最主要的交通方式。旅途漫长且费用昂贵，使得大量国际旅客对澳大利亚和新西兰旅游望而却步，同时也将短途旅行的游客拒之门外。

游客的旅游安全认知是制约两国入境旅游发展的另一主要因素。澳大利亚和新西兰处于太平洋板块和印度洋板块交界处，位于环太平洋地震带上，地震、海啸等自然灾害随时都有发生的可能。同时，受干旱半干旱气候影响，夏季澳大利亚各地均可能出现的极端高温天气，部分地区干旱多风，易发生火灾，还有澳洲紫外线辐射强度高，可导致晒伤和脱水，这些自然灾害问题对游客的人身安全问题存在着一定的隐患。而新西兰受海洋及洋流的影响，天气变化无常、难以捉摸，且南岛地区冬季多雪，容易给旅途带来不便。另外，澳大利亚地广人稀，野外有很多危险动物，例如鳄鱼、毒蛇、鲨鱼等，对旅行者也存在潜在威胁。

7.4.2　澳大利亚和新西兰出境旅游市场潜力分析

2003～2018 年，澳大利亚入境中国游客总量整体呈现增长态势（见图 7.4）。2003 年为 24.54 万人次，2007 年为 60.74 万人次。2003～2007 年保持年率增长率 26.50%。受金融危机的影响，2008 年、2009 年澳大利亚访中入境总游客数开始下降，2008 年为 57.15 万人次，同比下降 5.91%，2009 年为 56.15 万人次，同比下降 1.75%。2012 年人数达到近 20 年来峰值，为 77.43 万人次，同比增长 6.62%。之后三年人数有所下降，至 2015 年为 63.73 万人次，同比下降 5.16%。之后至 2018 年人数有所回暖。澳大利亚入境中国总游客数占大洋洲访华游客的平均比重为 83.23%，是大洋洲访华游客的绝对主力，但占中国入境总游客数的平均值仅为 2.48%。入境游客总数中澳大利亚游客占比稳定，在 2.5% 上下波动，人数也保持在每年 70 万人次左右。2018 年澳大利亚访中入境总游客数为 75.22 万人次，同比增长

2.44%，2003～2018 年整体年平均增长率为 7.19%，为积极的正向增长，按曲线态势，预期数值会有所上升①。

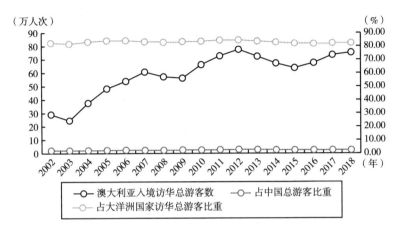

图 7.4　2002～2018 年澳大利亚访华游客总量及比重变化情况

新西兰入境访华总游客数从 2003 年开始到 2018 年整体呈现增长态势（见图 7.5）②，年平均增长率为 7.77%。2003 年新西兰入境总游客数为 4.34

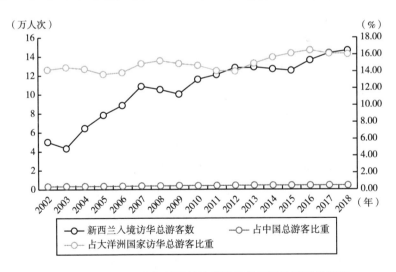

图 7.5　2002～2018 年新西兰访华游客总量及比重变化情况

①②　国家统计局. 中国统计年鉴 2019［M/OL］. 北京：中国统计出版社.［2022 - 12 - 18］.
http：//www. stats. gov. cn/sj/ndsj/2019/indexch. htm.

万人，2007 年为 10.87 万人，后因 2008 年金融危机的影响，人数开始下降。2008 年人数为 10.52 万人次，同比下降 3.22%。2009 年人次为 10.04 万人次，同比下降 4.56%。此后至 2018 年为增长态势，2018 年为近年来数值新高，为 14.65 万人次，同比增长 1.95%，新西兰入境访华总游客数值曲线预期为继续增长。同时新西兰入境访华总游客占中国入境总游客比重和占大洋洲入境总游客比重稳定，平均比重分别为 0.45% 和 14.98%①。作为大洋洲两大主要国家，澳大利亚和新西兰每年入境中国游客数量保持稳定且持续增长的态势，占同时期入境中国总游客比重也十分稳定，反映了我国旅游资源对于澳大利亚和新西兰游客持久的吸引力，这对进一步促进双方旅游服务贸易的开展具有积极的意义。

7.4.3　中国与澳大利亚和新西兰旅游互动潜力分析

中国与澳大利亚和新西兰于 1972 年 12 月先后建交。中澳、中新双边关系自建交以来发展顺利，领导人保持频繁交流和接触。随着中国经济的增长和双边合作关系的不断发展，中澳、中新已从单一贸易关系发展为多领域、多层次、多形式的经贸合作。

中国与澳大利亚自 1972 年 12 月 21 日建交以来，双边关系发展顺利。澳大利亚是中国第八大贸易伙伴，中国为澳大利亚第一大贸易伙伴、出口市场和进口来源地。2022 年中澳双边贸易总额为 2 209 亿美元，其中中国对澳出口 788 亿美元，同比增长 19.0%，澳对华出口 1 421 亿美元②。大量货物贸易促进了中澳双方的人员交流，使得国际公务出差和文化交流沟通频繁进行。与此同时，中国与澳大利亚的文化交往也非常密切。截至 2019 年 8 月，澳大利亚共有 14 所孔子学院和 67 个孔子课堂③，通过开设汉语、书法、戏

---

① 国家统计局. 中国统计年鉴 2019 ［M/OL］. 北京：中国统计出版社. ［2022 – 12 – 18］. http://www.stats.gov.cn/sj/ndsj/2019/indexch.htm.

② 中国同澳大利亚的关系 ［EB/OL］. ［2022 – 12 – 18］. https://www.fmprc.gov.cn/web/gjhdq_676201/gj_676203/dyz_681240/1206_681242/sbgx_681246/.

③ 梁蕾，吴应辉. 澳大利亚中文教育发展现状研究 ［J］. 华文教学与研究，2023（1）：52 – 59 + 68.

曲、太极拳、饮食等课程，在澳大利亚民间推广中文和中国文化，提升了普通民众来华旅游的兴趣。另外，澳大利亚教育部数据显示，2019 年中国内地在澳留学人数达 26.1 万人，占澳大利亚国际学生总数的 27.3%，其缴纳的学费约占澳洲国际教育总收入的 1/3[①]。在澳大利亚的旅游统计中，留学被视为一个重要的旅游目的。因此庞大的赴澳中国留学生群体一方面成为澳大利亚重要的入境客源，另一方面通过民间交往强化中国作为旅游目的地的正面形象，提升澳大利亚民众来华旅游的潜力。

中国与新西兰自建交以来不管是官方还是民间都保持了高水平的交流与互动，两国领导人保持频繁互访与接触，经贸和政治关系比较成熟，双边关系发展顺利。中国是新西兰第一大货物贸易伙伴、出口市场和进口来源地。中国对新出口商品主要为机电产品和服装等，自新西兰进口商品主要为乳制品、木产品、肉类等。2022 年中国新西兰双边货物贸易额为 251.5 亿美元，同比增长 1.8%，其中中国对新出口 91.8 亿美元，同比增长 7.4%，新对华出口 159.8 亿美元[②]。持续不断的货物贸易交流是旅游服务贸易互动的关键基础。从民间文化沟通方面来看，中国新西兰已建立 42 对友好省市关系。2015 年和 2017 年，全国人民对外友好协会和新西兰地方政府协会分别在厦门和惠灵顿共同举办了两届中国—新西兰市长论坛。2022 年 9 月，新西兰中文周开幕招待会在位于惠灵顿的新西兰国会大厦举行，中文周活动为新西兰民众了解中国文化提供了有力的渠道。中国更已超越澳大利亚成为新西兰最大的贸易伙伴，旅游服务是新西兰对华服务出口最主要的组成部分。除了观光游览和商务旅行以外，新西兰先进的教育体系每年吸引大量中国留学生前往学习。留学生在当地逗留时间长，花费较高，也为新西兰提供了大量就业机会和 GDP 贡献。

---

①　少了中国留学生，澳大利亚会损失多少 [EB/OL]．[2023 - 1 - 26]．https：//www.sohu.com/a/400876749_115479.

②　中国同新西兰的关系 [EB/OL]．[2022 - 12 - 18]．https：//www.mfa.gov.cn/web/gjhdq_676201/gj_676203/dyz_681240/1206_681940/sbgx_681944/.

第8章

中国对 RCEP 成员方旅游服务贸易出口潜力与效率实证研究

8.1 模型简介

对贸易潜力进行研究的方法主要有传统引力模型和随机前沿引力模型两种。本书选择使用随机前沿引力模型进行研究分析，这主要是因为运用传统引力模型测算贸易潜力时，一方面，由于其在分析贸易潜力、效率和影响因素时常用最小二乘法进行估计，并且假设误差项是完全随机的，使得众多不可估计的主观因素均被纳入扰动项，未能解释这些因素的具体影响情况，导致结果分析有失偏颇。另一方面，传统引力模型下的贸易潜力是基于所有变量对贸易量影响的平均效应测算而得，这实际上是所研究样本的平均水平，并非边界水平，这与经济学上的"潜力"内涵也并不相符。而随机前沿引力模型将影响因素分为人为因素和自然因素，将自然因素归到随机扰动项，人为因素归到贸易非效率项，并且随机前沿引力模型测算出的贸易潜力是在没有贸易阻力条件下的最优值，更符合"潜力"的定义。总体来讲，本书采用随机前沿引力模型能更恰当地分析 RCEP 各国来华旅游的贸易潜力和影响因素。

8.1.1　随机前沿引力模型

随机前沿引力模型是凯立拉詹（Kalirajan，2000）将引力模型与随机前沿生产模型结合，从贸易效率的角度来估计贸易流量的潜力。其中引力模型是由物理领域研究拓展而来，主要是通过两国的经济实力和地理距离来计算出两国的双边贸易流量，1962 年荷兰经济学家简·丁伯根（Jan Tinbergen，1962）根据万有引力公式总结出贸易引力模型的基本公式为：

$$T_{ij} = A \frac{Y_i Y_j}{D_{ij}} \tag{8.1}$$

对两边同时取对数：

$$\ln(T_{ij}) = \beta_0 + \beta_1 \ln(Y_i) + \beta_2 \ln(Y_j) + \beta_3 \ln(D_{ij}) + \varepsilon \tag{8.2}$$

其中，T_{ij} 为表示国家 i 与国家 j 之间的贸易流量，A 为常数项，Y_i 和 Y_j 分别为 i 国和 j 国的国家经济规模，一般用国家 GDP 作为衡量指标，而 D_{ij} 为两国之间的地理距离，β_1、β_2 和 β_3 则为相关系数，ε 为误差项。从式（8.1）中可以看出，两国间的贸易流量与国家经济规模成正比，而与地理距离为反比关系。随机前沿生产模型则是由艾格纳、罗威尔和施密特（Aigner，Lovell and Schmidt，1977）提出，用来解释生产函数中的技术效率问题。该模型需要提前设定前沿生产函数，根据投入产出观察值来估计函数中的参数，并且还考虑到随机误差项对决策单元效率的影响，其分析特点也在于对随机误差项的考虑。在柯布·道格拉斯生产函数的基础上所设定的随机前沿生产模型形式即式（8.3），其中的误差项由 ν_{it} 和 μ_{it} 组成，其中 ν_{it} 是不可控的随机误差项，计算系统非效率，而 μ_{it} 为可控的技术损失误差项，计算技术非效率，当 $\mu_{it} = 0$ 时，达到生产前沿水平，即一定的技术水平下，各种比例投入所对应的最大产出集合。

$$q_{it} = f(x_{it}, \beta) \times \exp(\nu_{it}) \times \exp(\mu_{it}), \mu_{it} \geqslant 0 \tag{8.3}$$

其中，q_{it} 表示在 t 时间段里 i 公司的产出量，x_{it} 表示公司的各项投入量，β 表示待估参数。当 $\mu_{it} = 0$ 时，所得到的 q_{it} 为最大产出量，此时实际产出量与最大产出量之间的比值就为该企业生产的技术效率。

在引力模型和随机前沿生产模型的基础上，随机前沿引力模型的表达形式为：

$$\ln(T_{ijt}) = \beta_0 + \beta_1 \ln(Y_{it}) + \beta_2 \ln(Y_{jt}) + \beta_3 \ln(D_{ijt}) + \beta_4 \delta_{ijt} + \nu_{ijt} - \mu_{ijt}, \mu_{ijt} \geqslant 0$$

$$(8.4)$$

其中，T_{ijt} 为实际贸易量，δ_{ijt} 为除经济规模和地理距离外的其他影响贸易量的主要因素，β 为待估参数，ν_{ijt} 为随机误差项，μ_{ijt} 为非效率项。当 $\mu_{ijt} = 0$ 时，

$$\ln'(T_{ijt}) = \beta_0 + \beta_1 \ln(Y_{it}) + \beta_2 \ln(Y_{jt}) + \beta_3 \ln(D_{ijt}) + \beta_4 \delta_{ijt} + \nu_{ijt} \quad (8.5)$$

此时得到的 $\ln'(T_{ijt})$ 为最大贸易量，根据凯立拉詹（Kalirajan，1999）所定义的贸易潜力可知，此刻的最大贸易量就为贸易潜力，而贸易效率（TE_{ijt}）则为实际贸易量与贸易潜力之间的比值。贸易效率（TE_{ijt}）的大小与贸易非效率项有关，当 $\mu_{ijt} > 0$ 时，即存在贸易非效率项，实际贸易量小于贸易潜力，此时 $TE_{ijt} \in (0, 1)$，μ_{ijt} 越接近 0，贸易效率也就越小，实际贸易也就越接近贸易潜力。

$$TE_{ijt} = \ln(T_{ijt}) / \ln'(T_{ijt}) \quad (8.6)$$

随机前沿引力模型根据效率随时间变化的假设不同，又分为时不变随机前沿引力模型和时变随机前沿引力模型。时不变随机前沿引力模型针对短时间内的样本较为合适，其不考虑时间因素对效率的影响，计算所得的效率值为平均效率。当所选择的样本时间维度较长时，时不变随机前沿模型则变得不可靠，从而巴迪斯和柯埃利（Battese and Coelli，1992）引入了时间因素来避免偏差，建立式（8.7）表达的时变随机前沿引力模型。式（8.7）中 η 为待估参数，μ_{ijt} 服从截尾正态分布，$\eta > 0$ 和 $\eta < 0$ 分别表示贸易非效率随时间变化而降低和增加，而当 $\eta = 0$ 时，此时的 $\mu_{ijt} = \mu_{ij}$，表明贸易非效率不随时间而变化。

$$\mu_{ijt} = \{\exp[-\eta(t-T)]\} \mu_{ij} \quad (8.7)$$

分析贸易潜力或效率影响因素的研究方法主要有"两步法"和"一步法"。"两步法"是先忽略效率的影响因素，用极大似然法估计效率值后，

再将计算的效率值作为被解释变量来分析影响因素。由于"两步法"的估计前提假设是投入因素与效率的影响因素之间不存在相关性，若存在则有偏差，而第一步估计出的效率值为常数，其又受到其他外生变量的影响，这与假设前提存在矛盾，因此会导致估计的参数结果偏差。在此研究基础上，巴迪斯和柯埃利（Battese and Coelli, 1995）在面板数据中首次建立了"一步法"的模型，即在估计参数 β 的同时，也方便估计出效率的影响因素。

"一步法"的模型将式（8.4）中的贸易非效率项 μ_{ijt} 设定为受到一系列外生变量（z_{ijt}）影响的函数，如式（8.8）所示，其中 ϵ_{ijt} 为随机扰动项，α 为待估参数。进行分析时直接将式（8.8）代入式（8.4），可得到式（8.9），其中 ν_{ijt} 与 μ_{ijt} 相互独立，μ_{ijt} 服从均值为 az_{ijt} 的截尾正态分布。此时将其进行随机前沿方法回归就可以同时获得效率估计值 μ_{ijt} 和其影响因素，优化了"两步法"中存在的问题，因此本书也采用"一步法"对旅游服务贸易潜力影响因素进行分析。

$$\mu_{ijt} = -(az_{ijt} + \epsilon_{ijt}) = -\alpha z_{ijt} - \epsilon_{ijt} \tag{8.8}$$

$$\ln(T_{ijt}) = \beta_0 + \beta_1 \ln(Y_{it}) + \beta_2 \ln(Y_{jt}) + \beta_3 \ln(D_{ijt}) + \beta_4 \delta_{ijt} + \nu_{ijt} - az_{ijt} - \epsilon_{ijt} \tag{8.9}$$

8.1.2　随机前沿引力模型在旅游服务贸易研究中的适用性分析

随机前沿引力模型遵循引力模型的原理，而引力模型最早研究的是货物贸易流量，并未包含服务贸易，其最早在 2001 年由弗朗索瓦（Francois, 2001）引进到服务贸易领域。因此对于旅游服务贸易来说，引力模型也有一定的适用性，主要在于旅游服务贸易是人的出入境流动，可以通过人的出入境流动带动国内产品的消费。在影响旅游服务贸易流量的因素上，国家的经济规模决定了旅游产品供给和旅游服务基础设施，从而影响国际旅游者的流动；地理距离会影响到旅游者的交通成本，这与货物贸易中所考虑的物流交通成本一致。并且根据国际旅游的流向规律可知，地理距离在一定程度上也是旅游者所考虑的因素之一，因此可以使用引力模型分析旅游服务贸易，并且借鉴随机前沿的方式来分析，即随机前沿引力模型对旅游服务贸易的研究有一定的适用性。

8.2 变量选取及模型设定

通过对模型基本理论的梳理，本书将模型分为随机前沿引力模型和贸易非效率模型两个部分，并采用"一步法"来分析旅游服务贸易潜力的影响因素。变量选取时，将影响贸易流量的因素分为自然因素和人为因素（Baldwin and Taglioni，2006）。自然因素是指短期内不会发生变化的既定因素，如经济规模、人口总量、空间距离、区域边界、地理区位、语言类别等因素，这些因素在衡量最大贸易量时无法被避免，因此将其归到随机前沿引力模型中。人为因素是可以通过企业或政府的人为努力来削弱贸易障碍而促进达到最大贸易量的影响因素，包括贸易政策、产品供给、基础设施建设和汇率等方面因素。本书基于旅游服务贸易的特点，考虑影响因素的短期变化性和人为影响，选择的变量和设定的模型如下。

8.2.1 随机前沿引力模型变量选取及模型设定

本书的研究对象为 RCEP 中的 14 个成员方（日本、韩国、澳大利亚、新西兰和东盟十国），考虑到数据的获取性、完整性和时效性，研究的年份数据截取 2002~2019 年的数据，而未选取 2020 年的数据的原因在于当年出现全球卫生紧急事件即新冠疫情导致数据异常。

（1）被解释变量。随机前沿引力模型的被解释变量为中国对 RCEP 成员方的旅游服务贸易出口量。由于旅游服务贸易的特殊性，目前我国只有旅游服务贸易总出口的数据而无法获取单边旅游贸易出口额，本书参照耿献辉（2018）和郭明英（2019）的研究，将入境旅游人次作为衡量旅游服务贸易出口的指标。

（2）解释变量。随机前沿引力模型设定时，只使用一些理论推导的核心变量来估计贸易最大量（Armstrong，2007）。因而本书选择的随机前沿引力模型的主要解释变量有：经济规模、人口规模、地理距离、共同边界、共同语言和中国—东盟自贸区。

其中经济规模用 GDP 来表示，分为客源国 GDP 和目的国 GDP。该指标代表各国的经济能力，决定了旅游供给质量和满足旅游需求的支付能力。目的国的 GDP 越高，可以提供更高质量的旅游服务供给，从而吸引国际游客。客源国 GDP 越高会刺激其公民的旅游需求，提高旅游消费能力，从而促进出境旅游消费，因此预测 GDP 与入境旅游人数之间为正向关系。该数据来源于世界银行数据库，以 2010 年不变价美元计价。

人口规模以各国人口总量表示，数据来源于世界银行数据库。客源国人口数量决定了中国旅游服务贸易市场的游客基数，相对来说，其他条件不变的情况下，目的国人口越多，提供旅游服务的人员也就更多，客源国的人口数量越多，则来中国旅游的游客潜力就越大。但人口的增加也会相应地使人们的可支配消费减少，从而也可能会抑制目的国旅游质量的提升和客源国游客的出境需求。因而本书研究的国家人口总数对来中国旅游人数的影响需分析后才可知，其影响效果待定。

地理距离会影响游客旅游的时间成本和交通成本，从而影响国际游客在中国的旅游时间和其他消费，因此预测对入境旅游人数有消极影响。本书的地理距离用目的国首都和客源国首都的球面距离来表示，数据来源于 CEP II 数据库。

共同边界和共同语言是在传统引力模型基础上拓展的两个虚拟变量，与中国边界接壤的国家取 1，不接壤则取 0，有共同语言的取 1，没有共同语言的取 0。两个国家有共同边界意味着相互交往的距离和方式更便捷与多样，有共同语言则会减少交流成本，并且在文化意识上也会更亲近。这部分数据也来源于 CEPII 数据库。

因而本书的随机前沿引力模型设定为：

$$\ln P_{ijt} = \beta_0 + \beta_1 \ln GDP_{it} + \beta_2 \ln GDP_{jt} + \beta_3 \ln POP_{it} + \beta_4 \ln POP_{jt}$$
$$+ \beta_5 \ln DIS_{ij} + \beta_6 BORD_{ij} + \beta_7 LANG_{ij} + \nu_{ijt} - \mu_{ijt} \qquad (8.10)$$

其中，P_{ijt} 为 t 年 j 国到 i 国的旅游人数，i 国在本书中指中国，j 国为除中国外的 RCEP 各成员方。$\beta_0 \sim \beta_7$ 为待估系数，ν_{ijt} 为随机误差项，μ_{ijt} 为贸易非效率项。随机前沿引力模型各变量的含义、数据来源及预期效应见表 8.1。

表 8.1 随机前沿引力模型各变量含义、来源及预期效应表

	变量	含义	数据来源	预期效应
被解释变量	P_{ijt}	入境旅游人数，间接反映中国旅游服务贸易出口市场规模	国际旅游年鉴（2002～2018 年）	/
解释变量	GDP_{it}	第 t 年中国 GDP，反映中国经济规模	世界银行统计局（按 2010 不变价美元）	+
	GDP_{jt}	第 t 年 j 国 GDP，反映 RCEP 各国经济规模	世界银行统计局（按 2010 不变价美元计价）	+
	POP_{it}	第 t 年中国人口，反映中国人口规模	世界银行统计局	+（-）
	POP_{jt}	第 t 年 j 国人口，反映 RCEP 其他成员方人口规模	世界银行统计局	+（-）
	DIS_{ij}	中国与 RCEP 其他成员方之间的距离，反映旅游成本，以中国首都和 RCEP 其他成员方首都的球面距离来表示	GOOGLE EARTH	-
	$BORD_{ij}$	共同边界，虚拟变量，与中国有共同边界的国家取 1，没有共同边界的取 0	CEPII 数据库	+
	$LANG_{ij}$	共同语言，虚拟变量，与中国有共同语言的国家取 1，没有共同语言的取 0	CEPII 数据库	+

8.2.2 旅游贸易非效率模型变量选取及模型设定

综合考虑影响贸易非效率的各种因素，参考各学者研究最终选取以下 7 个在短期内容易随时间发生变化的影响因素。

（1）服务业产业环境（IE_{it}），反映国内旅游环境。由于旅游业属于服务业的一种，并且旅游业的吃住行游购娱各方面都离不开其他服务的支持，因此以第三产业增加值与国内生产总值增加值的比率来衡量中国旅游服务贸易的服务供给情况。良好的国内旅游环境有助于中国旅游服务贸易的发展，从而促进中国旅游服务贸易出口。

（2）服务业就业占比（TRC_{it}）。参考文艳和孙根年（2021）的研究，选取中国服务行业就业人数占总就业人数的比率，以间接反映中国旅游服务接待能力。而中国旅游服务接待能力的强弱可能会间接影响中国旅游服务贸易出口的效率和潜力。

（3）RCEP 各国国际旅游贸易依存度（$TRAVL_{jt}$）。以国际旅游外汇收入占国内生产总值的比例来反映旅游服务贸易开放水平（朱金悦，2021），这个变量数值越大，说明客源国（地区）的对外开放程度越高，对外交流越频繁，居民出境旅游的意愿越强。

（4）双边货物贸易额（$TRADE_{ijt}$），以反映货物贸易对旅游服务贸易潜力的影响。预测该指标对旅游服务贸易非效率具有抑制作用。

（5）双边自由贸易协定（FTA_{ijt}）这是以某国是否与中国签订双边自由贸易协定来设置的虚拟变量，对签订过自由贸易协定的国家取 1，对未签订的国家取 0。截至 2019 年末，RCEP 成员方中仅剩日本未和中国签订过自由贸易协定。

（6）旅游贸易便利度（$VISA_{ijt}$），以国家是否享有中国的旅游免签政策来衡量。对享有 2000 年海南省入境旅游团免签政策、2003 年对文莱和新加坡颁布的普通短期旅游免签、2013 年 72 小时过境免签政策和 2015 年广西入境旅游团短期免签等政策的国家取 1，对不享有政策的国家取 0[①]，累计取值以反映不同国家之间享有的旅游便利程度。入境游客客源国享有中国的旅游免签政策会提升入境旅游贸易的便利度，从而可能影响到两国之间旅游服务贸易额，进而影响中国旅游服务贸易出口效率及潜力。

（7）两国之间的实际有效汇率（EX_{ijt}），间接反映旅游产品价格的变化。

---

① 政策说明：中国海南省从 2000 年 10 月 31 日起开始对韩国、日本、俄罗斯、美国、马来西亚、新加坡等 21 个国家的 5 人以上旅游团实行对外国旅游团免签证政策；为适应我国经济建设和对外开放不断发展的需要，进一步促进中国与新加坡、文莱人员往来，中国政府有关部门决定自 2003 年 7 月 1 日起，对持普通护照短期来华的新加坡公民、文莱公民实行免办签证待遇；自 2015 年 5 月 28 日起，东盟 10 国（马来西亚、泰国、印度尼西亚、越南、柬埔寨、老挝、缅甸、新加坡、文莱、菲律宾）旅游团（2 人及以上），由广西桂林市旅游主管部门资质审定的旅行社组织接待，从桂林机场口岸整团入境，可免办签证在桂林市行政区停留不超过 6 日。2013 年经国务院批准，率先在广东、成都和重庆航空口岸对 53 个国家人员实施 72 小时过境免签政策，其中包括澳大利亚、新西兰、韩国、日本、新加坡和文莱（https://www.nia.gov.cn/n741440/n741577/c759346/content.html）。

汇率的变动会影响贸易收入和国际产品价格的变动，从而对入境旅游产生影响。研究表明，汇率变动之所以会影响旅游进出口金额，其主要原因在于本币汇率升值会通过影响旅游相关的成本或收益，最终影响旅游者的出入境选择或花费金额。因此，两国间的实际有效汇率会影响到中国对该国的旅游服务贸易出口效率及潜力。

基于以上讨论，最终设定如下模型：

$$\mu_{ijt} = \alpha_0 + \alpha_1 IE_{it} + \alpha_2 TRC_{it} + \alpha_3 TRAVL_{jt} + \alpha_4 \ln TRADE_{ijt}$$
$$+ \alpha_5 FTA_{ijt} + \alpha_6 VISA_{ijt} + \alpha_7 EX_{ijt} + \epsilon_{ijt} \tag{8.11}$$

其中，$\alpha_0 \sim \alpha_7$ 为待估系数，ϵ_{ijt} 为随机扰动项。以上各变量符号说明、数据来源及预期效应如表 8.2 所示。

表 8.2　　　　贸易非效率模型各变量含义、来源及预期效应

变量	含义	数据来源	预期符号
IE_{it}	服务业产业环境，以第三产业增加值与国内生产总值增加值的比率表示	中国国家统计局	－
TRC_{it}	服务业就业占比，即中国服务业就业人员占总就业人数比例，间接反映中国旅游接待能力	中国银行数据库	－
$TRVAL_{jt}$	国际旅游贸易依存度，反映旅游服务贸易开放水平	中国银行数据库	－
$TRADE_{ijt}$	双边货物贸易体量，反映两国间货物贸易关系	中国国家统计局	－
FTA_{ijt}	自由贸易协定，虚拟变量，对与中国签订双边自贸协定的国家取 1，未签订的取 0	中国自由贸易区服务网	
$VISA_{ijt}$	旅游贸易便利度，虚拟变量，对享有中国旅游免签政策的国家取值为 1，不享有的取 0	中国领事服务网	
EX_{ijt}	两国间汇率，反映 RCEP 各成员方货币的对外价值，间接反映旅游价格的变动	世界银行数据库	＋

8.2.3　描述性统计

对本书所选取变量进行描述性统计，各变量数据的样本量均为 252，未包含共同边界、共同语言、自由贸易协定和旅游签证等虚拟变量，结果如表8.3所示。

表8.3   主要变量的描述性统计

变量	样本量	均值	中位数	最大值	最小值	标准差
lnP_{ij}	252	12.72	13.32	16.33	7.91	1.98
$lnGDP_i$	252	29.63	29.70	30.29	28.82	0.46
$lnGDP_j$	252	25.92	26.10	29.16	22.44	1.79
$lnPOP_i$	252	21.02	21.02	21.07	20.97	0.03
$lnPOP_j$	252	16.99	17.48	19.42	12.76	1.66
$lndis$	252	8.18	8.11	9.31	6.86	0.58
IE_i	252	48.93	46.35	63.50	39.00	7.72
TRC_i	252	36.71	35.15	30.00	28.59	5.79
$TRVAL_j$	252	9.41	7.47	84.41	0.68	7.04
$lnTRADE_{ij}$	252	14.39	14.85	17.35	8.76	2.02
Ex_{ij}	252	456.76	6.72	3 482.76	0.15	824.60

其中入境旅游人数、经济规模、人口规模、地理距离和双边货物贸易量为对数形式的描述统计，发现各变量的标准差较小，数据变化较平稳。而产业环境、旅游接待能力、旅游服务贸易依存度和汇率为原始值，因此数据的标准差较大。中国服务业产业环境的均值为48.93，第三产业增加值占国内生产总值增加值的比重较高。中国服务业就业人数占比的平均值为36.71%，人数较多，间接反映中国旅游业的接待能力较好。14个RCEP客源国的国际旅游贸易依存度的均值仅为9.41，说明RCEP客源国旅游服务贸易开放水平整体还有待提高，中国的入境旅游规模还有较大空间的扩展。而RCEP客源国与中国间的汇率Ex_{ij}国别间的差异最大，主要原因是RCEP国家货币的购买力有很大差异。综上所述，样本数据的总体质量较好，可以进行下一步分析。

8.3　模型检验

本书的测算方法为frontier4.1的最大似然估计法，采用LR统计量对随机前沿引力模型和贸易非效率模型的适用性进行检验，同时采用 t 检验对单一变量的系数进行假设检验。

8.3.1 适用性检验

对随机前沿引力模型的适用性进行检验，即检验模型的合理性和是否存在贸易非效率项，一般需要做似然比检验，也称 LR 检验。LR 统计量大于 1% 的显著水平对应的临界值，则拒绝原假设，否则接受原假设，由此来判断本书前沿引力模型的设定是否合适。通过检验发现：在零假设 H0：$\gamma = \mu = \eta = 0$（贸易非效率不存在）下，LR 统计量为 252.1，大于自由度为 3 的 1% 显著性水平下的临界值 11.345，拒绝原假设。另外 MLE 估计得到的 $\gamma = 0.9414$，接近 1，并且通过 t 检验。在不引入边界变量和语言变量的检验下，都拒绝了原假设，并且在零假设 H0：$\eta = 0$（贸易非效率设定有误）的情况下，LR 统计量为 191.3，也大于 1% 的临界值，拒绝了原假设，因此表明包含共同边界与共同语言的随机前沿引力模型设计合理，模型存在贸易非效率项，可以用随机前沿函数进行分析，具体结果如表 8.4 所示。

表 8.4　　　　　　　　模型设定的似然比检验结果

原假设 H0	无约束条件下（LNH0）	有约束条件下（LNH1）	LR 统计量	自由度	1% 临界值	结论
H0：不存在贸易非效率项	−330.1	−204.1	252.1	3	11.345	拒绝
H0：不引入边界变量	−320.9	−202.2	237.5	3	11.345	拒绝
H0：不引入语言变量	−263.4	−200.4	126.1	3	11.345	拒绝
H0：贸易非效率项设定有误	−263.4	−167.9	191.3	9	21.67	拒绝

8.3.2 非时变性与时变性检验

随机前沿引力模型分为时不变随机前沿模型和时变随机前沿引力模型，本书利用 Frontier4.1 软件对模型进行检验。为了保证结果的稳健性，同时给出了 OLS 模型、时不变随机前沿引力模型和时变随机前沿引力模型的回归结果，如表 8.5 所示。

表 8.5　　　　　　　　　　　　　　模型检验结果

变量	OLS 模型	时不变随机前沿引力模型	时变随机前沿引力模型
常数	- 162. 02453 (- 0. 71114)	- 145. 02535 (- 0. 83445)	- 161. 68229 *** (- 161. 82380)
$\ln GDP_{it}$	0. 19493 (0. 25563)	0. 13781 (0. 23692)	1. 24566 *** (8. 27097)
$\ln GDP_{jt}$	0. 79846 *** (19. 83178)	1. 03964 *** (6. 99308)	1. 02496 *** (15. 13897)
$\ln POP_{it}$	7. 03413 (0. 59083)	6. 09047 (0. 67115)	5. 48211 *** (26. 90818)
$\ln POP_{jt}$	0. 270162 *** (6. 69138)	0. 22296 (1. 28091)	0. 18110 ** (2. 55034)
$\ln DIS_{ij}$	- 0. 55967 *** (- 6. 79898)	- 0. 59581 (- 1. 42283)	- 0. 71498 *** (- 4. 19563)
$BORD_{ij}$	0. 87269 *** (6. 27471)	1. 26455 *** (5. 33504)	- 0. 22912 (- 0. 79276)
$LANG_{ij}$	1. 56674 *** (11. 87153)	1. 06273 ** (2. 83998)	1. 43651 *** (5. 38062)
σ^2	0. 48950	2. 48496 (0. 37751)	1. 29177 *** (9. 60263)
γ		0. 87924 ** (2. 77009)	0. 83076 *** (19. 52713)
μ		- 2. 29384 (- 0. 21213)	2. 07186 *** (5. 74039)
η			- 0. 05439 *** (- 7. 69502)
LR		77. 66	126. 09856
观测数	252	252	252

注：***、** 分别代表 1% 和 5% 的显著性水平，括号内的值为 t 值。

估计结果显示三个模型中的大多数解释变量在1%的水平上显著，且系数符号基本与理论预期一致，因此说明本书的随机前沿引力模型能较好拟合RCEP客源国来中国旅游贸易规模。在时不变随机前沿引力模型和时变随机前沿引力模型中，两种模型均通过 LR 检验。尽管时不变随机前沿引力模型 γ 值的回归结果显著，但是 σ^2 和 μ 的回归结果并不显著，而时变随机前沿引力模型的 σ^2、μ、γ 的回归结果都在1%的水平上显著，并且时变随机前沿引力模型中 η 在1%的显著水平上为负。因此，本书选择时变随机前沿引力模型进行估计更为合适，并且中国对 RCEP 国家旅游服务贸易出口效率随时间递减，非效率随时间递增。

8.4 实证结果与分析

根据上述检验结果，使用 Frontier4.1 软件对随机前沿引力模型进行回归，运用极大似然估计对 2002 ~ 2019 年中国对 14 个 RCEP 成员方的旅游服务贸易出口的面板数据进行回归分析。随机前沿引力模型和贸易非效率模型的具体回归结果如表 8.6 所示。

表 8.6 模型实证结果

模型	变量	系数	t 值
随机前沿引力模型	常数	172.95247	1.2082701
	$lnGDP_{it}$	0.886722 *	1.8341572
	$lnGDP_{jt}$	0.392954 ***	10.291126
	$lnPOP_{it}$	− 9.064434	− 1.2108444
	$lnPOP_{jt}$	0.076276 **	2.0545717
	$lnDIS_{ij}$	− 0.843261 ***	− 17.318798
	$BORD_{ij}$	2.184794 ***	9.3427338
	$LANG_{ij}$	0.783558 ***	7.7927229

续表

模型	变量	系数	t 值
贸易非效 率模型	常数	12. 691157 ***	13. 508479
	IE_{it}	− 0. 087198 ***	− 3. 3751759
	TRC_{it}	0. 244931 ***	4. 8302059
	$TRVAL_{jt}$	− 0. 055030 ***	− 3. 488296
	$lnTRADE_{jt}$	− 1. 126769 ***	− 12. 078467
	FTA_{ijt}	− 0. 223447	− 0. 68868224
	$VISA_{ijt}$	− 0. 895125 ***	− 3. 4299954
	EX_{ijt}	0. 000759 ***	6. 531775
	σ^2	0. 515206 ***	5. 8898839
	Γ	0. 8217883 ***	16. 800792
	LR	191. 26713	/

注: 数据根据 Frontier 4. 1 软件输出的结果整理而来, 其中 ***、**、* 分别代表 1%、5% 和 10% 的显著性水平。

　　根据表 8.6 可知, 多数变量的回归结果与预期一致, 并且 γ 的估计值为 0.82179, 接近 1, 并且在 1% 的水平上显著, 因此说明旅游服务贸易受到了贸易非效率因素的影响, 贸易效率未达到潜在水平的原因可以通过贸易非效率项进行解释。

8.4.1　中国对 RCEP 成员方旅游服务贸易出口效率及潜力分析

8.4.1.1　中国对 RCEP 成员方旅游服务贸易出口效率分析

　　由贸易效率的定义可知, 贸易效率不仅与实际贸易有关, 还与贸易潜力有关, 且数值的范围在 0 ~ 1。数值越接近 1, 说明贸易效率越高, 数值越接近 0, 说明国家之间的贸易额还有很多潜力可以挖掘。本书在随机前沿引力模型和贸易非效率模型的基础上, 利用 "一步法" 得到了各国来华旅游的贸易效率, 结果如图 8.1 所示。

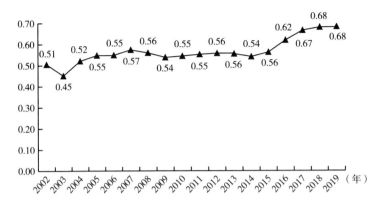

图8.1　2002～2019年中国对RCEP国家旅游服务贸易出口效率变化

整体来看，2002～2019年，RCEP成员方来我国旅游的规模效率呈现逐年递增的趋势，但是旅游服务贸易出口效率并不是很高，2002～2019年的平均效率为0.568，仅实现中国与RCEP伙伴国整体旅游服务贸易潜力的56.8%。18年间中国对RCEP国家旅游服务贸易出口的平均效率在45%～68%波动，由此可以看出，中国与RCEP客源国之间的旅游服务贸易规模还有很大开拓和释放的潜力空间。局部来看，2003年的旅游服务贸易出口效率最低，旅游服务贸易出口效率值为0.45，主要是因为卫生健康突发事件的影响从而抑制各国公民出境旅游。2002年、2004年和2015年维持在50%以上。2016年后中国对RCEP成员方旅游服务贸易出口平均效率逐渐增加，但依旧没有达到前沿水平，仍有上升的空间。

分国别来看，由于篇幅所限，选取了部分年份的旅游服务贸易出口效率和各国平均效率，按照2019年中国对RCEP国家旅游服务贸易出口效率估计值排序，并按平均效率排名，效率高的排名靠前，结果如表8.7所示。

表8.7　　　　中国对RCEP国家旅游服务贸易出口效率估计值

国家	2002年	2008年	2012年	2019年	平均效率	排名
马来西亚	0.830745	0.876134	0.870505	0.965023	0.857925	5
缅甸	0.0311	0.14886	0.062564	0.908778	0.23825	10
澳大利亚	0.833126	0.897097	0.908125	0.90177	0.886399	2

续表

国家	2002 年	2008 年	2012 年	2019 年	平均效率	排名
韩国	0.871711	0.906455	0.883074	0.878348	0.888308	1
新加坡	0.821417	0.889166	0.870335	0.873638	0.870804	4
菲律宾	0.81991	0.864849	0.846149	0.860119	0.845286	6
泰国	0.788341	0.821344	0.811023	0.858583	0.810751	7
日本	0.91908	0.909505	0.890448	0.836519	0.886036	3
新西兰	0.427263	0.623034	0.641416	0.701828	0.604502	9
印度尼西亚	0.605655	0.643884	0.69967	0.663495	0.642547	8
越南	0.038541	0.119313	0.13087	0.614212	0.201624	11
柬埔寨	0.051576	0.093616	0.127256	0.348169	0.137412	12
老挝	0.002822	0.006025	0.00949	0.08559	0.022454	14
文莱	0.039833	0.044363	0.06002	0.068182	0.053092	13

资料来源：根据 Frontier 4.1 软件输出的结果整理。

　　从平均效率来看，中国对韩国、澳大利亚、日本、新加坡和马来西亚的旅游服务贸易出口效率较高，均值在 85% 以上。这五个国家都为经济较发达的地区，人均 GDP 收入较高，因此各国公民的出境旅游需求较高。中国对菲律宾、泰国、印度尼西亚和新西兰这几个国家的旅游服务贸易出口效率处于中等水平，均值在 60% ~ 85% 。中国对缅甸、越南、柬埔寨、文莱和老挝的旅游服务贸易出口效率较低，均值不足 30% ，原因在于这些国家的经济水平较低或人口规模小，从而导致入境中国旅游的游客规模较小。

　　由于平均效率无法衡量具体年份的效率情况，所以具体年份的情况会有所差别，得出的结论也会有所不同。从具体的年份来看，2019 年中国对马来西亚、缅甸、澳大利亚这三个国家的旅游服务贸易出口效率达到 90% 以上，并且高于平均效率，这表明中国对这些国家的旅游服务贸易效率在近些年有较明显的提高。同时，中国对老挝的旅游服务贸易出口效率处在一个较低的水平，平均出口效率仅为 2.25% 。2019 年相对其他年份的出口效率有较大提升的国家分别是缅甸、越南，在 2012 ~ 2019 年，中国对缅甸旅游服务贸易出口效率从 6.26% 提升到 90.88% ，中国对越南旅游服务贸易出口效率从 13.08% 增加到 61.42% ，两者的变化均比较大。而中国对日本和韩国的旅游服务贸易出口效率并没有显著的变化。另外中国对老挝和文莱的旅游服务贸易效率依旧较低,均值不足 10%。

综上所述,通过各方面的分析发现,中国对 RCEP 国家的旅游服务贸易出口总体效率较低。从国别来看,尽管对马来西亚、缅甸、澳大利亚等国家的旅游服务贸易出口效率有提升,但是都没有达到前沿水平,并且对不同国家的出口效率差异较大。

如图 8.2 所示,2019 年,中国对 RCEP 成员方旅游服务贸易出口效率估计值最高的国家是马来西亚,出口效率估计值高达 0.97。马来西亚华人人口比例较高,经济较发达,与中国有着相近的历史文化和相同的风俗习惯,一直是中国旅游服务贸易出口的重要市场。其次中国对 RCEP 成员方旅游服务贸易出口效率估计值较高的国家依次是缅甸、澳大利亚、韩国、新加坡、菲律宾、泰国、日本,其出口效率估计值均在 0.8 以上。中国对 RCEP 成员方旅游服务贸易出口效率估计值比较低的国家是老挝和文莱,出口效率值仅为 0.08 和 0.06。老挝经济条件较为落后,人民的生活水平偏低,出国旅游的人数较少,且出境旅游的需求低,从而导致入境中国的游客数量少,中国对老挝的旅游服务贸易出口效率偏低。而与老挝由于市场购买力不足导致旅游贸易出口效率低不同,文莱是一个人均收入较高、经济水平发达的国家,旅游市场购买力强劲,有较高的出境旅游需求。而导致中国对文莱的旅游服务

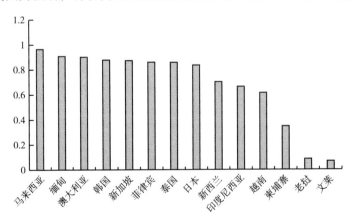

图 8.2　2019 年中国对 RCEP 成员方旅游服务贸易出口效率值

资料来源:根据 Frontier 4.1 软件输出的结果整理。

贸易出口效率偏低的原因，一方面可能在于文莱从宗教、文化、政治体制等方面都与中国差异较大，造成文莱人对中国的了解不足，另一方面可能在于文莱人口较少，市场规模不大，长期以来中国也并未对文莱进行有效的国际旅游推广。

8.4.1.2 中国对 RCEP 伙伴国旅游服务贸易出口潜力分析

根据式（8.7）可知旅游效率为旅游贸易实际额与旅游贸易潜力额的比值，旅游贸易效率与潜力之间呈反比例关系，因此根据各国来中国旅游的贸易效率测算出 RCEP 各国来中国旅游的潜力规模、拓展规模和拓展空间。由来中国旅游效率分析可知中国与各国之间的旅游服务贸易出口潜力均未达到前沿水平，2002～2019 年平均可拓展的贸易规模空间为 43.2%（见图 8.3）。从时间动态分析发现，中国对 RCEP 成员方旅游服务贸易出口的整体潜力规模在逐渐增加，尤其在 2016～2019 年增长明显。但是，中国对 RCEP 国家旅游服务贸易出口的可拓展空间有所下降，从 2003 年的超过 50% 下降到 2019 年的 31.7%。

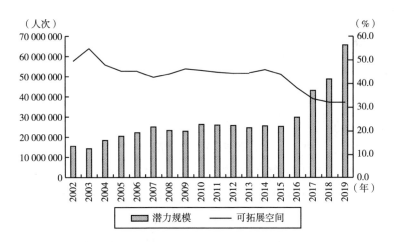

图 8.3   中国对 RCEP 国家旅游服务贸易出口潜力变化

分国别来看，由于用具体某一年的数据来代表性分析中国对某一个国家旅游服务贸易出口潜力的情况会有偶然性，因此就中国对每个国家 2002～2019 年的旅游服务贸易平均出口效率进行计算，取得的贸易潜力规模、可拓展规模如表8.8所示。

表8.8　　2002～2019年中国对RCEP成员方旅游服务贸易出口潜力

国家	效率（%）	实际规模（人）	潜力规模（人）	可拓展规模（人）
越南	20.2	2 041 775	10 126 653	8 084 879
缅甸	23.8	2 227 068	9 347 610	7 120 543
老挝	2.2	59 767	2 661 780	2 602 013
韩国	88.8	3 800 044	4 277 845	477 800
日本	88.6	3 112 517	3 512 857	400 340
印度尼西亚	64.3	517 085	804 743	287 657
马来西亚	85.8	1 665 679	1 941 520	275 841
柬埔寨	13.7	34 637	252 066	217 429
菲律宾	84.5	865 581	1 024 010	158 429
泰国	81.1	613 177	756 308	143 131
文莱	5.3	7 540	142 009	134 470
新加坡	87.1	864 975	993 306	128 331
澳大利亚	88.6	597 841	674 460	76 619
新西兰	60.5	108 581	179 621	71 040

资料来源：根据Frontier 4.1软件输出的结果整理。

从表8.8中发现，越南、缅甸和老挝的潜力规模和可拓展规模都较大，越南可扩展入境旅游人数规模达800万人次，可拓展规模居首位。缅甸可拓展入境旅游人数规模达700万人次，可拓展规模居第二位。老挝可拓展入境旅游人数规模达200万人次，可拓展规模居第三位。

中国对韩国和日本的旅游服务贸易出口可拓展规模处于中上水平，韩国可扩展入境旅游人数规模约48万人次，日本可扩展入境旅游人数规模约40万人次。并且中国对这些国家的贸易效率达到60%以上，因此中国应大力推动对这部分国家的旅游服务贸易出口规模，保持国家间良好稳定的发展合作关系。

其余成员中，中国对印度尼西亚、马来西亚、菲律宾、泰国、新加坡、澳大利亚和新西兰的旅游服务贸易出口的可拓展规模较低，入境旅游人数规模均在 30 万人次以下。其中，印度尼西亚可扩展入境旅游人数规模约 29 万人次，在这些国家中排名第一。马来西亚可扩展入境旅游人数规模约 28 万人次，菲律宾可扩展入境旅游人数规模约 16 万人次。但是中国对这些国家的旅游服务贸易的出口效率都比较高，因此对于这部分国家，需要在合作中进一步开发双方在旅游服务贸易领域的市场。

而中国与柬埔寨和文莱的旅游服务贸易出口可拓展规模与效率尽管都较低，但中国为构建完整的国际化旅游市场，不可忽略柬埔寨和文莱两个国家入境旅游市场的潜力，仍需进一步拓展中国对这两个国家旅游服务贸易出口的规模。

8.4.1.3 中国对 RCEP 成员方旅游服务贸易出口效率及潜力分析

结合中国对 RCEP 成员方旅游服务贸易出口的效率值和潜力规模分布特征，参考文艳和孙根年（2021）的研究，本书将 14 个 RCEP 成员方分为新兴客源地、优质客源地、成熟客源地、机会客源地和潜在客源地五个类型。其中，越南、缅甸和老挝属于新兴客源地。中国对这三国的旅游服务贸易出口平均效率均偏低，但是该三国的入境旅游潜力规模和可拓展规模都非常大，尤其是缅甸 2019 年贸易效率上升到 14 个国家中的第 2 位，贸易潜力极强。越南、缅甸和老挝都与中国直接接壤，交通便利、语言相通，与中国之间存在大量的边民往来和边境贸易机会，因此中国应进一步发展商务旅游、观光游览、探亲访友等旅游市场，提供更加便利的入境手续和设施，并推进中老、中缅、中越的高速公路和高铁建设通车，从而拓展对这部分国家的旅游市场规模，增加中国对这些国家的旅游服务贸易出口额。日本和韩国为优质客源地，中国对这两个国家的旅游服务贸易出口效率的平均值较高。日韩均为发达国家，国民的国际旅游购买力强，但是从观察期内的入境旅游效率时变趋势可以看出，中国入境游产品对于两国游客的吸引力逐渐减弱。与此同时，两国的入境旅游潜力规模和可拓展规模仍处于较高水平，说明在日本和韩国仍然存在进一步挖掘入境客源的可能性，但是存在一定的难度。

澳大利亚和新西兰为成熟客源地，中国对这两国的旅游服务贸易出口效率较高，但是这两国入境中国的游客潜力规模和可拓展规模均较小，说明这两个国家入境中国的旅游市场较为成熟和稳定，中国对它们的旅游服务贸易潜力较小，市场扩张难度较大。印度尼西亚、马来西亚、新加坡、菲律宾和泰国为机会客源地，中国对这几个国家的旅游服务贸易出口效率普遍偏高，除印度尼西亚数值稍低外，对其余国家的旅游出口效率都在80%以上，同时这5个国家的潜力规模和可拓展规模在RCEP成员方中处于中等水平，具备进一步挖掘市场潜力的可能性。柬埔寨和文莱为潜在客源地。中国对这两国的旅游服务贸易出口效率低，同时游客潜力规模和可拓展规模在RCEP成员方中处于中等偏下水平，这说明中国对柬埔寨和文莱的旅游出口严重不足，但未来具备一定的发展潜力，通过加强国际旅游推广，提升交通便利度，可以充分挖掘两国的入境旅游潜力。

8.4.2 影响因素分析

8.4.2.1 核心因素分析

在模型设定中选取了经济规模、人口规模、地理距离、共同边界和共同语言作为核心变量，根据表8.6的回归结果，对影响中国对RCEP成员方旅游服务贸易出口的因素进行分析，具体如下：

中国经济规模变量（GDP_{it}）回归系数为0.886722，在10%的水平上显著为正，表明对旅游服务贸易出口规模扩大产生促进作用。中国GDP每增加1%，中国对RCEP成员方旅游服务贸易出口的贸易量增加0.88%。GDP总量可以反映一国的经济规模，而经济规模的扩大利于投入更多的资金提升旅游供给质量来满足旅游需求，从而提升旅游出口竞争力以吸引更多的RCEP成员方游客来访。

客源地经济规模变量（GDP_{jt}）在1%的水平上显著且系数为正，回归系数为0.392954。表明客源国的GDP每增加1%，中国对RCEP成员方旅游服务贸易出口的贸易量增加0.39%。从而说明RCEP各成员方经济规模的扩大有利于提升来中国旅游规模。这可能是在经济提升的基础上，客源国人民有更多的可支配收入来提升对旅游需求的满足，从而推动公民出境旅游，增加来华旅游的需求。

在人口规模因素中，中国人口规模（POP_{it}）回归系数为负，但并不显著。而客源地人口总量（POP_{jt}）的系数为 0.076276，在 5% 的水平上显著为正，客源地的人口总量每增加 1%，中国对 RCEP 成员方旅游服务贸易出口的贸易量增加 0.07%。表明 RCEP 各成员方人口规模的增长扩大了我国国际旅游贸易出口规模。客源国人口规模越大，有出境旅游需求的人数可能就越多，从而扩大了我国国际旅游服务贸易出口的规模。

地理距离（DIS_{ij}）的影响在 1% 的水平上显著为负，回归系数为 −0.843261，客源国和中国之间的地理距离每增加 1%，中国对 RCEP 成员方旅游服务贸易出口的贸易量下降 0.84%。表明两国距离越远，旅游所产生的交通成本也就会越高，从而阻碍各国来华的旅游规模。

共同边界（$BORD_{ij}$）和共同语言（$LANG_{ij}$）在 1% 的水平上显著为正，反映出两国相邻与拥有共同语言有利于增强彼此之间文化交流与旅游贸易联系，从而促进我国入境旅游贸易规模的扩大。

8.4.2.2　贸易非效率影响因素分析

在贸易非效率模型中各变量的被解释变量为贸易非效率，因此，副模型中各变量前系数的大小与正负表示的均是与贸易非效率的关系，而贸易效率在数值上等于贸易非效率负数的指数函数。所以，服务贸易非效率影响因素的变量也会对旅游贸易效率产生直接影响，决定着旅游贸易潜力是否能够充分释放。

利用"一步法"将贸易非效率模型中的人为因素变量代入时变随机前沿引力模型中一起回归，从贸易非效率因素的回归结果来看：

中国的服务业产业环境（IE_{it}）的 t 值为 −3.3751759，在 1% 的回归结果下显著为负，表明该变量抑制了旅游服务贸易非效率项，促进旅游服务贸易出口潜力的释放。说明中国服务产业环境的升级优化有利于提升旅游服务贸易供给质量，吸引更大规模的 RCEP 游客。

中国服务业就业占比（TRC_{it}）与贸易非效率项在 1% 的显著水平上呈现正相关性，说明其极大抑制了中国旅游服务贸易潜力的释放。一般认为服务业就业人数占比越高，中国的服务经济越发达，越有可能吸引更多境外旅游者（文艳和孙根年，2021）。本书回归结果与一般预设不符合，这可能是由于服务业就业人员越多并不能直接反应旅游服务接待能力的高质量水平，因此导致结果与预期偏差较大。

国际旅游贸易依存度（$TRVAL_{jt}$）与贸易非效率项在1%的显著水平上呈现负相关，表明该变量抑制了旅游服务贸易非效率项，说明RCEP各成员方旅游服务贸易开放水平越高，则越有利于中国旅游服务贸易出口潜力的释放。

双边货物贸易体量（$TRADE_{ijt}$）回归结果在1%的水平上也显著为负，表明该变量抑制了旅游服务贸易非效率项，说明两国间货物贸易体量的增加会扩大商务旅游规模，从而积极促进中国旅游服务贸易出口潜力的释放。

旅游贸易便利度（$VISA_{ijt}$）回归系数为 – 0.895125，在1%的水平上显著，说明旅游服务贸易越便利则越有利于提升旅游服务贸易出口效率，主要原因在于国际旅游服务贸易会受到签证政策的影响，享有免签政策可以在进行国际旅游活动时更便利，从而在政策上会吸引游客规模的扩大，利于旅游服务贸易出口潜力的释放。

两国之间的汇率（EX_{ijt}）回归结果在1%的水平上显著为正，表明其促进了贸易非效率项，由于本书的汇率采用间接标价法，因此汇率越高即人民币增值，旅游产品价格也就会相对变高，从而抑制旅游贸易潜力的释放。

双方是否签署自由贸易协定的回归结果系数为 – 0.223447，表明这一因素对旅游服务贸易潜力释放有促进作用，但影响并不显著，这可能是由于目前已签订的双边自由贸易协定未对服务贸易或旅游服务贸易做出促进性开放合作政策所导致。

8.5 稳健性检验

本书对被解释变量，即中国旅游服务贸易出口规模这一指标进行了进一步的拓展与研究，并对表8.6的回归结果进行稳健性检验。

本书依据学界多数人的研究，用中国的入境旅游人数代表中国旅游服务贸易的出口规模，但是，贸易出口额一直是反映贸易出口规模很重要的一部分，用入境旅游人数代表服务贸易的出口额有一定的偏差性。因此，本书借助阮珠（2021）对数字订购贸易出口规模及艾瑞咨询对跨境电子商务出口规模的测度方法，计算我国对 RCEP 客源国旅游服务贸易出口额，具体方法如下：

$$ETT_{ijt} = \frac{ETT_{it} \times ET_{ijt}}{ET_{it}} \tag{8.12}$$

其中，ETT_{ijt} 表示中国在 t 时期对 RCEP 客源国 j 的旅游服务贸易出口额；ETT_{it} 表示中国在 t 时期旅游服务贸易总出口额，数据来自中国文化和旅游部；ET_{ijt} 表示中国在 t 时期对 RCEP 客源国 j 的服务贸易出口额，数据来源于 WTO 数据库；ET_{it} 表示中国在 t 时期服务贸易出口总额，数据来源于中国文化和旅游部。由此可得到 2011～2019 年中国对 RCEP 客源国旅游服务贸易出口总额 P_{2ij}，具体数值见表 8.9。

表 8.9　　2011～2019 年中国对 RCEP 客源国旅游服务贸易出口总额

单位：百万美元

国家	2011 年	2012 年	2013 年	2014 年	2015 年	2016 年	2017 年	2018 年	2019 年
澳大利亚	347.26	382.32	402.88	1 502.85	1 690.44	2 087.07	2 059.39	1 787.28	1 914.90
文莱	23.24	27.23	28.28	98.28	101.60	118.08	109.50	99.76	102.97
柬埔寨	10.81	13.06	14.70	61.05	78.90	102.99	105.40	86.38	90.29
印度尼西亚	208.50	240.96	256.63	982.55	1 096.25	1 309.05	1 274.75	1 108.94	1 138.67
日本	1 146.61	1 246.94	1 201.18	4 995.33	5 479.07	6 508.85	5 867.54	5 034.52	5 115.30
韩国	1 169.15	1 201.11	1 200.55	4 987.00	6 063.81	7 612.90	7 552.76	6 202.00	5 947.64
老挝	4.53	8.75	14.45	57.35	56.20	62.32	68.51	53.06	56.32
马来西亚	252.95	300.28	351.75	1 354.86	1 645.32	2 540.37	2 377.05	2 126.02	1 912.97
缅甸	20.69	26.98	34.76	135.05	179.96	204.02	193.23	183.73	181.43
新西兰	49.92	52.91	60.48	251.36	285.61	364.74	382.37	310.89	337.28
菲律宾	78.56	93.56	109.94	502.96	652.56	845.91	824.17	662.12	688.10
新加坡	839.21	956.64	1 096.47	4 912.31	5 605.53	6 062.11	6 494.96	5 740.27	5 368.31
泰国	268.70	305.51	321.66	1 226.52	1 467.79	1 819.42	1 703.37	1 525.29	1 586.01
越南	153.35	168.83	212.65	905.55	1 107.33	1 334.96	1 299.64	1 084.17	1 110.08

随机前沿引力模型不变，其余的被解释变量不变，得到新的模型设定为：

$$\ln P_{2ijt} = \beta_0 + \beta_1 \ln GDP_{it} + \beta_2 \ln GDP_{jt} + \beta_3 \ln POP_{it} + \beta_4 \ln POP_{jt}$$
$$+ \beta_5 \ln DIS_{ij} + \beta_6 BORD_{ij} + \beta_7 LANG_{ij} + \nu_{ijt} - \mu_{ijt} \qquad (8.13)$$

该模型各变量具体的含义、来源及预期效应如表8.10所示。

表 8.10 随机前沿引力模型各变量含义、来源及预期效应

	变量	含义	数据来源	预期效应
被解释变量	P_{2ijt}	直接反映中国在 t 时期对 RCEP 客源国 j 的旅游服务贸易出口额	本书测算得出	/
解释变量	GDP_{it}	第 t 年中国 GDP，反映中国经济规模	世界银行统计局（按 2010 不变价美元）	+
	GDP_{jt}	第 t 年 j 国 GDP，反映 RCEP 各国经济规模	世界银行统计局（按 2010 不变价美元计价）	+
	POP_{it}	第 t 年中国人口，反映中国人口规模	世界银行统计局	+（-）
	POP_{jt}	第 t 年 j 国人口，反映 RCEP 其他成员方人口规模	世界银行统计局	+（-）
	DIS_{ij}	中国与 RCEP 其他成员方之间的距离，反映旅游成本，以中国首都和 RCEP 其他成员方首都的球面距离来表示	GOOGLE EARTH	-
	$BORD_{ij}$	共同边界，虚拟变量，与中国有共同边界的国家取 1，没有共同边界的取 0	CEPII 数据库	+
	$LANG_{ij}$	共同语言，虚拟变量，与中国有共同语言的国家取 1，没有共同语言的取 0	CEPII 数据库	+

贸易非效率模型的变量保持不变，随机前沿引力模型和贸易非效率模型的数据样本从 2002 ~ 2019 年调整为 2011 ~ 2019 年。新的模型实证结果如表 8.11所示。

表 8.11 模型实证结果

模型	变量	系数	t 值
随机前沿引力模型 P_{2ijt}	常数	168.5787	1.3185678
	$\ln GDP_{it}$	0.568553 **	1.9536842
	$\ln GDP_{jt}$	0.564875 ***	8.657845

续表

模型	变量	系数	t 值
随机前沿 引力模型 P_{2ijt}	$lnPOP_{it}$	6.52628	1.0586954
	$lnPOP_{jt}$	0.152685 **	4.526832
	$lnDIS_{ij}$	−0.574412 **	−3.538542
	$BORD_{ij}$	1.346795 ***	10.316428
	$LANG_{ij}$	0.236578 ***	12.356248
随机前沿 引力模型 P_{ijt}	常数	172.95247	1.2082701
	$lnGDP_{it}$	0.886722 *	1.8341572
	$lnGDP_{jt}$	0.392954 ***	10.291126
	$lnPOP_{it}$	−9.064434	1.2108444
	$lnPOP_{jt}$	0.076276 **	2.0545717
	$lnDIS_{ij}$	−0.843261 ***	−17.318798
	$BORD_{ij}$	2.184794 ***	9.3427338
	$LANG_{ij}$	0.783558 ***	7.7927229

注：数据根据 Frontier 4.1 软件输出的结果整理，其中 *** 、 ** 、 * 分别代表 1%、5% 和 10% 的显著性水平。

由表 8.11 可知，多数变量的回归结果与前面的结果差异不大，中国经济规模变量（GDP_{it}）该系数仍显著，且比前面的显著性高，进一步验证经济规模的扩大有利于投入更多的资金提升旅游供给质量，从而提升旅游服务贸易出口的竞争力，提升中国入境旅游人数。此外，客源地经济规模、客源地人口总数以及地理距离这三个解释变量均显著，与前面结果相似，可信度提升。共同边界和共同语言两个变量均在 1% 的水平上显著为正，进一步验证，客源国与中国间如果有共同边界和共同语言，那么将有利于增强彼此之间的文化交流与旅游贸易联系，从而扩大中国入境旅游贸易出口规模。

8.6　实证研究结论

通过对模型的适用性检验和时变性检验，确定使用随机前沿引力模型进行回归分析，并使用"一步法"代入贸易非效率模型。最后得到估计的中国对 RCEP 成员方旅游服务贸易出口效率，研究结果发现：2002～2019 年以来的 18 年间，中国对 RCEP 成员方旅游服务贸易整体的出口效率在 0.568，未到达前沿水平。其中，中国对韩国、澳大利亚、日本、新加坡和马来西亚的出口效率较高，达到 85% 以上，而对缅甸、越南、柬埔寨、文莱和老挝的出口效率则较低，仍有提升空间。通过旅游服务贸易出口市场规模的实际值和效率对旅游服务贸易出口潜力进行测算，发现中国对越南、缅甸和老挝的出口潜力规模巨大，而对柬埔寨和文莱的旅游可拓展规模低。

在随机前沿引力模型回归结果中，中国和 RCEP 其他成员方的经济规模（GDP）、RCEP 其他成员方人口规模、共同边界和共同语言是促进中国旅游服务贸易出口的因素，而地理距离则抑制中国旅游服务贸易对 RCEP 成员方的出口，中国人口规模回归结果则不显著。实证研究的结果显示，地理距离、进出口双方边界是否相邻、是否拥有共同语言等因素对旅游服务贸易出口具有显著影响。因此，应当加强对 RCEP 成员方中与中国相邻或地理位置较近的客源市场的重视，对邻近的日本和韩国等传统客源市场要通过提供高质量的国际旅游产品继续深入挖掘市场潜力，而对缅甸、越南、老挝等邻国要通过推动边境贸易和边民往来进一步释放市场潜力。同时，我国要持续加强与 RCEP 成员方的语言互通水平和层次。一方面，加大汉语国际推广的力度，比如在马来西亚、新加坡等使用中文人群较多的国家进一步促进中外文化交流，在越南、缅甸、老挝等国家继续通过孔子学院等机构推动汉语教育和汉语人才的培养。另一方面，提升我国旅游从业人员的外语水平，比如云南省、广西壮族自治区等边境省份的高校可以大力培养小语种 + 旅游的复合型人才，为面向东盟的旅游服务贸易储备人才。同时在内陆省份进一步加强英语教育和培训，以增强内陆省份的国际游客接待能力。

在贸易非效率模型的回归结果中，中国服务业产业环境、RCEP 其他成员方国际旅游贸易依存度、双边货物贸易体量和旅游贸易便利度与非效率项呈现负相关关系，表明这些因素对中国旅游服务贸易出口潜力的释放有促进作用，而中国服务业就业占比和两国汇率对中国旅游服务贸易出口潜力的释放有抑制作用。双方是否签署自由贸易协定则对旅游服务贸易出口潜力没有显著影响。同时，实证研究结果显示，中国对大多数贸易伙伴的旅游服务出口都处于"贸易不足"的状态，其中韩国、马来西亚是中国旅游服务出口的重要市场，作为中国的近邻，交通便利，同属于东方文化，经济发达程度较高，应是下一步我国旅游出口市场开拓的重点对象。另外，中国对老挝、文莱等国家的旅游服务出口严重"贸易不足"，这些国家虽是中国旅游服务贸易出口的小型市场，但仍具备一定的出口潜力，因此也应是中国旅游出口市场开拓的重点对象。

| 第 9 章 |

政策建议

本书从 RCEP 主要内容和相关条例方面分析了 RCEP 对中国旅游服务贸易的影响，发现 RCEP 的签署从服务贸易开发、自然人流动、知识产权保护等方面对扩大中国旅游服务贸易客源规模、构建国际旅游企业、打造国际旅游服务团队和建设旅游品牌等方面有直接影响。同时 RCEP 规则中对货物、商品等生产性贸易方面的便利也在间接利好旅游服务贸易的优化与发展。

从中国旅游服务贸易现状分析中发现中国旅游服务贸易尽管贸易规模和外汇收入都在不断增加，但旅游服务贸易出口增长缓慢，收入来源不均衡，娱乐、游览等旅游项目对游客的吸引力较低。在客源构成上，发现 RCEP 成员方多是中国旅游服务贸易出口的主要客源国，然而韩国、日本等国来华游客的数量占其总出境旅游人数的比例在下降，表明中国旅游服务对这些国家的吸引力在逐渐减小，因此有必要推动中国对 RCEP 成员方旅游服务贸易出口的高质量发展。基于中国对 RCEP 成员方旅游服务贸易出口的现状和实证研究，结合研究结论和旅游服务贸易发展理论，本书为促进中国对 RCEP 成员方旅游服务贸易出口的发展提出以下建议。

9.1 提升旅游服务质量，优化产业环境

提升旅游服务质量是顺应我国经济高质量发展潮流的重要举措，是推进

旅游业供给侧结构性改革、优化旅游产业环境的主要载体。本书的实证研究发现产业环境对中国旅游服务贸易潜力的释放有促进作用，因此为提升旅游服务质量优化产业环境是十分必要的。

旅游企业作为旅游产业环境的营造者和旅游服务供给的主体，首先，要树立旅游业高质量发展意识，加强旅游高质量发展文化理念。其次，旅游企业要建立健全质量管理体系，利用先进质量管理办法对员工进行质量意识和素质的培养。同时引入创新型旅游服务技术，如大数据、云计算、区块链、人工智能等先进技术，融合线上线下旅游服务，从而提高旅游产品个性化、多样化、定制化服务功能，以满足不同游客的需求和旅游服务体验。最后，在高质量服务理念和企业管理措施下，打造以服务质量为基础的企业品牌，通过品牌影响力推动旅游消费者形成优质优价的旅游意识，从而循环带动旅游业质量的提升和旅游服务产业环境的提升。

9.2　打造国际旅游产品，提升国际竞争力

在竞争逐渐激烈的国际旅游市场中，中国的旅游竞争力和比较优势有所下降，从而影响旅游服务贸易出口，降低对各国游客的吸引力。为提升中国旅游国际竞争力，首先，充分利用各类资源进行旅游产品的打造与升级。中国地大物博，旅游资源丰富，各省份可以以世界遗产、民俗文化产品等资源为基础，借助当地旅游产品的特色和比较优势设定旅游品牌，在国内形成差异化供给。同时省际间旅游合作提供优质的产品路线，打造满足游客多层次旅游需求的产品。其次，加大旅游服务贸易相关支持性产业建设，形成国内旅游产业链闭合。从旅游贸易收入来看，国际游客消费包含了在交通、餐饮、住宿、金融、邮电等其他相关性服务产业的消费，而这些服务产业的变动也会影响国际游客旅游消费的波动，因此需要均衡发展相关支撑性产业，同步提升这些产业的供给质量和服务效率，充分满足游客多方位的需求，从而提升竞争力。最后，充分利用微博、Facebook 等国内外社交媒体平台资源，发布旅游宣传短视频，通过分享与广泛传播快速打造品牌的知名度与口

碑，形成国际影响力。同时借助各类大型、高规格的世界旅游发展大会、国际旅游交易会、国际旅游年等活动来推广旅游产品与形象。

9.3 充分利用 RCEP 政策，促进旅游服务贸易出口潜力释放

通过对 RCEP 旅游服务开发条例以及其他相关规则的分析，发现 RCEP 中存在着对旅游服务贸易出口有利的因素，同时通过实证也发现各国更高程度的旅游服务开放水平和高体量的双边货物贸易会促进中国对 RCEP 成员方旅游服务贸易出口潜力的释放。因此在 RCEP 的施行过程中，各服务领域开放的加大，推动了各国人口流动，中国首先应抓住各国间服务领域更高程度的开放，加强对 14 个成员方的市场宣传，形成战略合作伙伴关系。通过宣传和国际游客的实地旅游进一步使这些国家成为我国的重要客源国和口碑营销者。同时国际旅游企业也应充分解读各国发在服务领域的开放政策，大力引进高端旅游服务人员，从而提升国内旅游服务供给的多样性。同时通过与其他国家旅游企业的合作，在进行旅游进口业务时也可通过旅游出口业务在他国进行旅游产品的宣传和品牌的打造。

其次，协定生效后区域内 90% 以上的货物贸易将逐步实现零关税，有利于中国与其他 RCEP 成员方货物贸易规模的扩大，间接推动了各国以商务合作为目的的人员流动而伴随的旅游活动，扩大来华的旅游规模。因此国际贸易企业应充分解读各国对中国实行的政策，增强贸易合作，扩大货物贸易体量以间接带动旅游服务贸易的发展。

最后，签署 RCEP 推动了各国贸易关系的进一步深入，如中国与韩国和日本的贸易关系。各国在此基础上，可进一步推动跨境旅游便利度的提升，方便各国人员的流动，从而减少旅游阻碍，提升旅游服务贸易出口。

9.4　加强政府保障措施，完善旅游业规章制度

为保障旅游业的高质量发展和提升旅游服务贸易的出口，国家政策要给予大力支持，首先，建立和完善旅游服务质量评价体系，挑选出一批优质的旅游产品或旅游企业作为标杆，为旅游产品的提升和企业的发展提供参考指标，并通过开展丰富、有趣、多元的以游客为主体的国际文化交流活动，充分调动广大旅游者、各市场主体、产业机构以及社会媒体的积极性，为旅游企业发展创造宣传机遇。其次，健全旅游市场经济法规，进一步完善公平竞争审查制度，对垄断与不正当的竞争活动加强预警与分析，并监督各大旅游公司的经营服务和规范旅游市场主体的正常运作。最后，为保障游客旅游的安全和权益，应加强不良旅游企业惩罚机制和游客权益保护机制，以引导游客理性消费、依法维权，建设文明和健康的国际旅游市场。

参考文献

［1］毕燕茹，师博．中国与中亚五国贸易潜力测算及分析——贸易互补性指数与引力模型研究［J］．亚太经济，2010（3）：47－51.

［2］曹新向．中国省域旅游业发展潜力的比较研究［J］．人文地理，2007（1）：18－22.

［3］晁文琦，胡婧玮，王晓云．中美旅游服务产业内贸易的影响因素研究——基于灰色关联分析［J］．经济问题，2018（11）：74－79.

［4］崔琰，席建超．基于出游潜力模型的省级出境旅游市场分类研究［J］．资源科学，2015，37（11）：2120－2128.

［5］邓晓虹，黄满盈．基于扩展引力模型的中国双边金融服务贸易出口潜力研究［J］．财经研究，2014，40（6）：48－59.

［6］杜方鑫，支宇鹏．中国与 RCEP 伙伴国服务贸易竞争性与互补性分析［J］．统计与决策，2021，37（8）：132－135.

［7］何蔓莉，孙根紧．中国国际货物贸易的入境旅游效应研究［J］．价格月刊，2019（11）：86－94.

［8］耿献辉，张武超．我国旅游服务贸易国际竞争力及其影响因素分析［J］．价格月刊，2018（10）：39－46.

［9］胡颖，韩立岩．国际旅游服务业产业内贸易的影响因素［J］．国际经贸探索，2008（11）：20－24.

［10］李计广，王红梅．中国服务贸易出口潜力研究——基于随机前沿

模型的实证分析 [J]. 亚太经济, 2017 (6): 58 – 63 + 186.

[11] 廉同辉, 王金叶, 程道品. 自然保护区生态旅游开发潜力评价指标体系及评价模型——以广西猫儿山国家级自然保护区为例 [J]. 地理科学进展, 2010, 29 (12): 1613 – 1619.

[12] 孟夏, 李俊. RCEP 框架下的服务贸易自由化 [J]. 南开学报 (哲学社会科学版), 2019 (1): 156 – 166.

[13] 孟夏, 孙禄. RCEP 服务贸易自由化规则与承诺分析 [J]. 南开学报 (哲学社会科学版), 2021 (4): 135 – 145.

[14] 宋蔚, 姚继东, 祁春凌. 中国与 RCEP 伙伴国服务贸易的竞争力和互补性研究——基于行业视角的分析 [J]. 价格理论与实践, 2021 (3): 15 – 19.

[15] 席建超, 刘孟浩. 中国旅游业基本国情分析 [J]. 自然资源学报, 2019, 34 (8): 1569 – 1580.

[16] 谭秀杰, 周茂荣. 21 世纪 "海上丝绸之路" 贸易潜力及其影响因素——基于随机前沿引力模型的实证研究 [J]. 国际贸易问题, 2015 (2): 3 – 12.

[17] 王佳莹, 张辉. "一带一路" 沿线国家旅游竞争潜力评价与竞争力研究 [J]. 青海社会科学, 2019 (6): 62 – 68 + 77.

[18] 王健. RCEP 中服务贸易条款的解读及蕴含的商机 [J]. 广西社会科学, 2022 (1): 74 – 81.

[19] 王思语, 张开翼. RCEP 与 CPTPP 协定下中国服务业开放路径研究 [J]. 亚太经济, 2021 (6): 108 – 118.

[20] 王细芳, 陶婷芳. 中国旅游服务出口贸易的影响因素及金融危机应对策略研究——基于灰色系统的视角 [J]. 首都经济贸易大学学报, 2010 (1): 119 – 123.

[21] 王修志, 周桂明, 孔胜雪. 旅游服务贸易高质量发展的瓶颈: 基于先发地区的样本思考 [J]. 资源开发与市场, 2021, 37 (10): 1256 – 1263.

[22] 文艳, 孙根年. 中国入境旅游贸易效率及其影响因素研究——基于异质性随机前沿引力模型的估计 [J]. 旅游学刊, 2021, 36 (3): 29 – 43.

［23］吴天博. 中国与"丝绸之路经济带"沿线国家木质林产品进口贸易效率与潜力研究［J］. 西南大学学报（自然科学版），2021，43（6）：101－112.

［24］袁波，王蕊，潘怡辰，等. RCEP 正式实施对中国经济的影响及对策研究［J］. 国际经济合作，2022（1）：3－13.

［25］张方波. RCEP 金融服务规则文本探析与中国金融开放［J］. 亚太经济，2021（5）：118－126.

［26］周冲，周东阳."一带一路"背景下中国与拉美国家贸易潜力研究——基于引力模型的实证分析［J］. 工业技术经济，2020，39（4）：63－71.

［27］周启良，湛柏明. 中国与"一带一路"沿线国家服务贸易潜力研究［J］. 西部论坛，2017，27（5）：111－124.

［28］朱金悦，唐睿，冯学钢. 区域旅游贸易引力模型的构建及实证检验——以海南入境客源市场为例［J］. 广西社会科学，2021（10）：125－132.

［29］Abdullahi NM, Aluko OA, Huo X. Determinants, Efficiency and Potential of Agri－food Exports from Nigeria to the EU: Evidence from the Stochastic Frontier Gravity Model［J］. Agricultural Economics, 2021, 67（8）.

［30］Avdeeva O A, Baranova A V, Okunev D O. Factors Affecting International Trade in Tourism Services in Russia［J］. Indian Journal of Science and Technology, 2016, 9（14）: 8－19.

［31］Baldwin J H. The Generalized Gravity Equation, Monopolistic Competition, and the Factor－Proportions Theory in International Trade［J］. Review of Economics and Statistics, 1994, 71（1）: 143－153.

［32］CHI J. Dynamic Impacts of Income and the Exchange Rate on US Tourism, 1960－2011［J］. Tourism Economics, 2015, 21（5）: 1047－1060.

［33］Dadakas D, Kor S G, Fargher S. Examining the Trade Potential of the UAE Using a Gravity Model and a Poisson Pseudo Maximum Likelihood Estimator［J］. The Journal of International Trade & Economic Development, 2020, 29（5）: 619－646.

［34］Devadason E S and Chandran V G R. Unlocking the Trade Potential in

China – ASEAN Relations: The China – Vietnam Context [J]. Journal of Southeast Asian Economies (JSEAE), 2019, 36 (3): 380 –399.

[35] Egger P. A Note on the Proper Econometric Specification of the Gravity Equation [J]. Economics Letters, 2000, 66 (1): 25 –31.

[36] Jensen C, Zhang J. Trade in Tourism Services: Explaining Tourism Trade and the Impact of the General Agreement on Trade in Services on the Gains from Trade [J]. The Journal of International Trade & Economic Development, 2013, 22 (3): 398 –429.

[37] Kabir S, Salim R A. Parallel Intergration and ASEAN – EU Trade Potential: an Empirical Analysis [J]. Journal of Economic Integration, 2011, 26 (4): 601 –623.

[38] Kahveci A, Okutmus E. A Qualitative Research on Medical Tourism Potential of Alanya/Turkey in the Concept of International Service Trade [J]. Economic Themes, 2017, 55 (3): 437 –450.

[39] Kalirajan K P. Frontier Production Functions and Technical Efficiency Measures [J]. Journal of economic surveys, 1999, 13 (2): 149 –172.

[40] Kang H, Fratianni M. International Trade Efficiency, the Gravity Equation, and the Stochastic Frontier [J]. Working Papers 2006 –08, Indiana University, Kelley School of Business, Department of Business Economics and Public Policy.

[41] Katircioglu S. Tourism, Trade and Growth: the Case of Cyprus [J]. Applied Economics, 2009, 41 (21): 2741 –2750.

[42] Kaynak E, Bloom J, Leibold M. Using the Delphi Technique to Predict Future Tourism Potential [J]. Marketing Intelligence & Planning, 1994, 12 (7): 18 –29.

[43] Lyailya m, Nurlan K, Aruana A. Analysis of Tourism Potential and Ecological Tourism Development in Kazakhstan [J]. E3S Web of Conferences, 2020, 159: 04031.

[44] Makochekanwa A, Jordaan A C, Kemegue F M. Assessing Botswana's

Textiles Export Trade Potential Using the Gravity Model ［J］. Botswana Journal of Economics, 2012, 9 (13): 24 –37.

［45］ Manhas P S, Kour P. Analyzing Tourism Potential and Destination Image of Indian Silk Route: Trend Analysis Approach ［J］. International Journal of Tourism and Travel, 2014, 7 (1/2): 7 –13.

［46］ Muhammad H A RM, et al. Determinants and Efficiency of Pakistan's Chemical Products' Exports: An Application of Stochastic Frontier Gravity Model ［J］. PloS one, 2019, 14 (5): e0217210.

［47］ Neupane R, Anup KC, Ramesh RR. Assessing Tourism Potential In Bhaktapur Durbar Square, Nepal ［J］. International Journal of Environment, 2013, 2 (1): 250 –261.

［48］ Nilsson L. Trade integration and the EU Economic Membership Criteria ［J］. European Journal of Political Economy, 2000, 16 (4): 807 –827.

［49］ Radovanov B, et al. Using a Two – Stage DEA Model to Measure Tourism Potentials of EU Countries and Western Balkan Countries: An Approach to Sustainable Development ［J］. Sustainability, 2020, 12 (12): 4903.

［50］ Ravishankar G, Stack M M. The Gravity Model and Trade Efficiency: a Stochastic Frontier Analysis of Eastern European Countries Potential Trade ［J］. World Economy, 2014, 37 (5): 690 –704.

［51］ Sama G L, Molua E L. Determinants of Ecotourism Trade in Cameroon ［J］. Natural Resources, 2019, 10 (6): 202 –217.

［52］ Santana – Gallego M. The Euro Effect: Tourism Creation, Tourism Diversion and Tourism Potential within the European Union ［J］. European Union Politics, 2016, 17 (1): 46 –68.

［53］ ŠIMULČIK D. Road Infrastructure as a Croatian Tourist Trade Supply Element ［J］. NAŠE MORE: znanstveni časopis za more i pomorstvo, 1996, 43: 3 –4.

［54］ Sinaga a mhp, et al. Employing Gravity Model to Measure International Trade Potential: IOP Conference Series: Materials Science and Engineering, 2019

［C］. Bristol：IOP Publishing Ltd，2019.

［55］ Tarik D，Cem I，Ercan S T. The Balance of Trade and Exchange Rates：Theory and Contemporary Evidence from Tourism ［J］. Tourism Management，2018，74：12 − 23.

［56］ Tinbergen J. Shaping the World Economy：Suggestions for an International Economic Policy ［M］. New York：The Twentieth Century Fund，1962.